Arbeitsheft Zahnmedizinische Fachangestellte

Lernfelder 6–9

2. aktualisierte Auflage

von
Stefan Kurbjuhn
Monika Schierhorn
Eike Soltau
Sabine Werwitzke

Handwerk und Technik · Hamburg

ISBN 978-3-582-54643-2
Best.-Nr. 58613
Arbeitsheft – 2. Auflage

ISBN 978-3-582-32884-7
Best.-Nr. 58614
Arbeitsheft mit Lösungen – II/2. Auflage

Verlag Handwerk und Technik GmbH,
Lademannbogen 135, 22339 Hamburg; Postfach 63 05 00, 22331 Hamburg – 2021
E-Mail: info@handwerk-technik.de – Internet: www.handwerk-technik.de

Satz und Layout: Bettina Herrmann, 70180 Stuttgart
Umschlagmotive: Fotolia Deutschland, Berlin, © www.fotolia.de: Bild 4 (Aguaviva);
iStockphoto.com, Dublin, Irland: Bild 5 (EvgeniiAnd), Bild 6 (LuminaStock);
Shutterstock Images LLC, New York, USA: Bild 1 (Stock-Asso), Bild 2 (FabrikaSimf), Bild 3 (Gajus)
Druck: Elbe Druckerei Wittenberg GmbH, 06886 Lutherstadt Wittenberg

Vorwort

Der zweite Band der Arbeitsheftreihe für die Zahnmedizinischen Fachangestellten orientiert sich strikt an den Lernfeldern des Rahmenlehrplans und untergliedert diese in Arbeitsblätter (AB). Es enthält Arbeitsblätter für alle Lernfelder des 2. Ausbildungsjahres – also auch Materialien für die eher wirtschaftlich orientierten Lernfelder 6 und 9.

Die methodisch vielfältigen Aufgaben und Arbeitsaufträge lassen sich mit dem Fachbuch und dem Wirtschaftskundebuch bearbeiten und lösen. Zusätzlich notwendige Informationen und Materialien enthält der Anhang auf den Seiten 99 ff.

Weitere Merkmale:
- Die Arbeitsblätter enthalten die grundlegenden prüfungsrelevanten Inhalte und viele zusätzliche, motivierende Abbildungen.
- Da die Arbeitsblätter gelocht sind, können sie in die eigene Mappe eingefügt werden.
- Am Ende eines jeden Lernfeldes bietet der Fachworttrainer eine spielerische Wiederholung und Einübung der wichtigsten Fachbegriffe und damit Lernfeldinhalte.
- Einzelne Arbeitsblätter enthalten Zuordnungsaufgaben, die mithilfe eines Schneidebogens (am Ende des Heftes) gelöst werden können.
- Ein Lösungsheft für die Lehrenden und Ausbilderinnen / Ausbilder liegt als Heft vor.

Verlag und Autorenteam wünschen allen Nutzern eine erfolgreiche Arbeit und Ausbildung.
Hinweise und Verbesserungsvorschläge sind jederzeit willkommen.

Liebe Nutzerin, lieber Nutzer,

in diesem Buch ist von Patienten, Kranken, Zahnärzten, ... die Rede und immer sind selbstverständlich weibliche und männliche Menschen gemeint. Wir sprechen von der Zahnmedizinischen Fachangestellten – weil es in der Praxis fast ausschließlich Frauen sind, die diesen Beruf ausüben.

Wir haben zugunsten der Lesbarkeit die parallele Nennung der weiblichen und der männlichen Form unterlassen; wir schreiben also beispielsweise nicht Patient / Patientin oder Zahnarzt / Zahnärztin.

Wir bitten dafür um Ihr Verständnis und meinen auch in Ihrem Sinne zu handeln: Es gibt Untersuchungen, nach denen die Mehrzahl der Leser und Leserinnen die an sich korrekte Nennung beider Formen eher als hinderlich empfindet.

Außerdem möchten wir darauf hinweisen, dass fast ausschließlich die Abkürzung ZFA verwendet wurde.

In diesem Sinne viel Freude und Erfolg beim Arbeiten mit diesem Buch.

Inhalt

Lernfeld 6: Praxisabläufe organisieren

Lernfeld 7: Zwischenfällen vorbeugen und in Notfallsituationen Hilfe leisten

Lernfeld 8: Chirurgische Behandlungen begleiten

Lernfeld 9: Waren beschaffen und verwalten

Anhang

Bildquellenverzeichnis

123RF GmbH, Nidderau: S. 20/1
A. Schweickhardt GmbH & Co. KG, Seitingen-Oberflacht: S. 51/3–10; 52/1–8; 53/1–11; 54/1–9; 58/1–13, 16–18; 111/1–8
B. Braun Melsungen AG, Melsungen: S. 53/12
Bundesverband der Deutschen Volksbanken und Raiffeisenbanken – BVR, Berlin: S. 94/4
berliner fortbildungen, Berlin: S. 56/1–6
Deutsche Post DHL Group, Hamburg: S. 21/1, 2, 4; 22
Dentsply Sirona Deutschland GmbH, Bensheim: S. 54/10
F1online digitale Bildagentur GmbH, Frankfurt am Main: S. 102 (Henglein Steets / Cultura Images RF)
Fotolia Deutschland, Berlin, © www.fotolia.de: S. 4/1 (Volker Witt), 2 (Kzenon); 5/1 (Peter Atkins), 2 (Andres Rodriguez), 3 (Robert Kneschke); 9/1 (Robert Kneschke), 2 (Roman Milert); 11/1 (momanuma); 12 (Dream-Emotion); 14/1 (Igor Stepovik); 16/1, 2 (contrastwerkstatt); 17 (Piotr Marcinski); 18 (ArTo); 19 (Jose Manuel Gelpi); 20/2 (Eisenhans); 21/3 (M. Schuppich); 25 (Diana Kosaric); 27 (mabie); 28/4 (Orlando Florin Rosu); 33/3 (dondoc-foto); 34 (ArTo); 35/2 (makuba); 36/2 (Peter Atkins); 38/3 (Inspiredme); 40/1 (Goss Vitalij); 43/1 (Lisa F. Young); 45 (Yuri Arcurs); 49 (Klaus Eppele); 62/1 (Robert Kneschke), 2 (Volker Witt); 66/1 (BildPix.de), 3 (negrobike); 67 (Maria.P.); 68 (Peter Atkins); 70 (seen0001); 74 (somenski); 75/2 (dinostock), 3 (alphaspirit), 4 (Werner Heiber); 77/1 (detailblick), 81 (contrastwerkstatt); 82 (zhu difeng); 84 (Yuriy Panyukov); 85/1 (Hasan Sengün); 86/1 (Wilm Ihlenfeld), 2 (Jürgen Fälchle), 3 (Andre Bonn); 87 (euthymia); 89 (Robert Kneschke); 90 (Andres Rodriguez); 91/1 (bourger), 2 (Deminos), 3 (Sabimm); 93/2 (nikoendres); 95 (Papirazzi); 96/2 (eyewave); 97 (Mellimage); 98/1 (Eisenhans), 2 (Pictures4you); 99 (Michael Brown); 100 (momanuma); 102/2 (DeVIce); 104 (eyezoom1001); 105/1 (Sergey Lavrentev), 2 (ISO K° – photography); 106 (mars); 107/1 (Feng Yu), 2 (ogolne), 3 (Jenson); 110 (Peter Atkins)
Gebr. Brasseler GmbH & Co. KG, Lemgo: S. 58/14, 15
Gebrüder Martin GmbH & Co. KG, Tuttlingen: S. 54/10
Grafische Produktion Neumann, Rimpar: S. 7; 14/2–5; 15/1, 2; 23; 28/1–3; 29/1–4; 30; 31/1–5; 32/1, 2; 33/1, 2; 35/1; 36/1; 37/1–3; 38/1, 2, 4, 5; 44; 47; 50/1–5; 51/1, 2; 57/1–5; 59/2–8; 60/1–6; 61/2; 64/1, 2; 65/1–4; 66/4–7
Handelsverband Deutschland - HDE e. V., Berlin: S. 94/1
iStockphoto, Berlin: S. 73/3 (pixelfit)
KaVo Dental GmbH, Biberach a. d. Riss: S. 54/12; 83/2
Kruse, Jörn, Lüchow (www.joern-kruse.de) – mit Unterstützung durch Ose Zahntechnisches Labor GmbH, Grönwohld: S. 11/3; 41/1–6; 42/1–4; 43/2; 59/1; 66/2; 83/1; 85/2
mauritius images GmbH, Mittenwald: S. 29/5 (Science Source/Dee Breger)
mectron Deutschland Vertriebs GmbH, Köln Dellbrück: S. 54/11
MEDICE Arzneimittel Pütter GmbH & Co. KG, Iserlohn: S. 63/2
Shutterstock Images LLC, New York, USA: S. 11/2 (Pavel L Photo and Video); 39 (Jojje); 40/2 (Georgejmclittle); 61/1 (m.jrn); 63/1 (schankz); 73/1 (Nataliya Hora), 2 (morrow-light); 75/1 (jocic); 77/2 (Luis Molinero); 79/1 (goodluz), 2, 3 (lightwavemedia), 4 (ESB Professional); 103/1 (Happy Art)
© Visa 2018: S. 94/3

1

1. Die Qualität einer zahnmedizinischen Praxis misst sich an der Struktur, den Prozessen und dem Ergebnis. Was gehört zu welcher Qualitätskategorie? Tragen Sie für Strukturqualität ein **S** in den Kreis ein, für Prozessqualität ein **P** und für Ergebnisqualität ein **E**.

- ◯ Einrichtung der Praxis
- ◯ Patienteninformation
- ◯ Zufriedenheit des Patienten
- ◯ Ablauf der Behandlung
- ◯ Terminvergabe
- ◯ Behandlungsergebnis
- ◯ Untersuchung
- ◯ medizinisch-technische Geräte
- ◯ Qualifikation der Mitarbeiter

2. Einige kassenzahnmedizinische Praxen lassen sich ihre Bemühungen um die Qualität ihrer Arbeit zertifizieren.

a. Was bedeutet das?

____

____

____

b. Was ist für ein Zertifikat erforderlich?

- ______________________________
- ______________________________

3. Beschreiben Sie für folgendes Problem einen möglichen PDCA-Zyklus (Qualitätszyklus):

In einer sehr großen zahnmedizinischen Praxis kommt es bei der Zusammenstellung von vollständigen Behandlungstrays immer wieder zu Fehlern. Dringend benötigte Instrumente müssen während der laufenden Behandlung gesucht werden, was zu Verzögerungen in den Behandlungen führt.

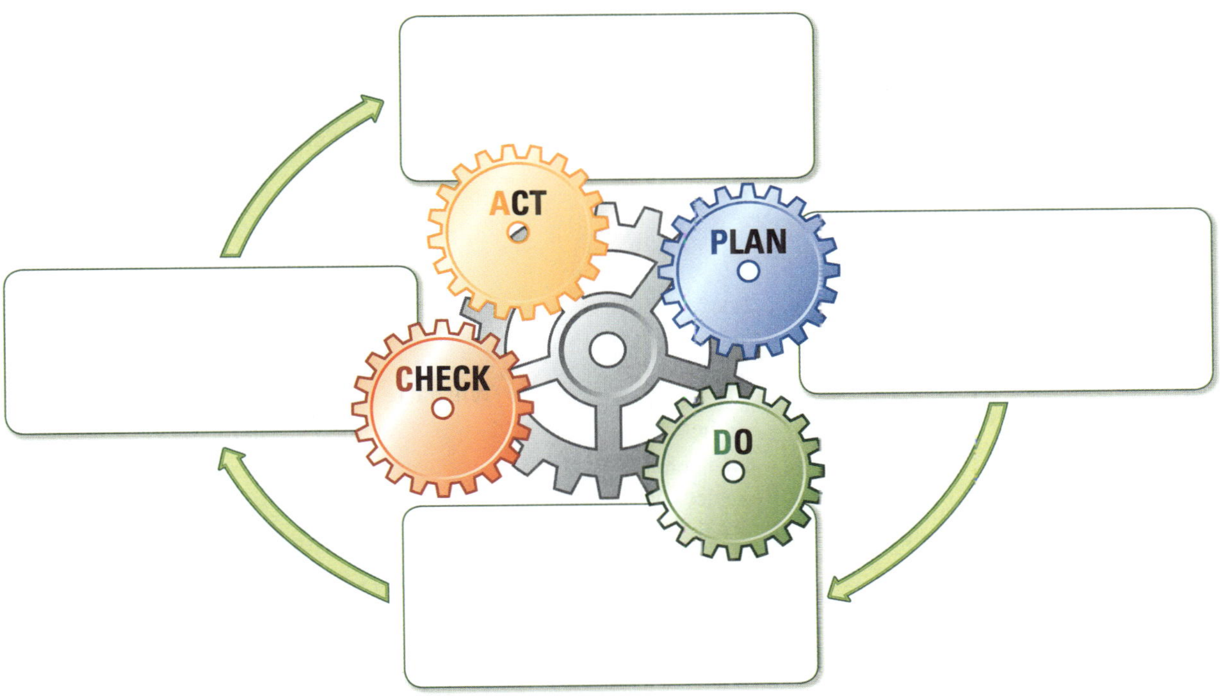

4. Wo finden Sie alle Dokumente des Qualitätsmanagements?

____

5. Hier sind die Vokale verloren gegangen. Schreiben Sie die möglichen Maßnahmen des Qualitätsmanagements komplett auf.

knkrt Prxszl	
rglmßg Tmbsprchngn	
blfbschrbngn	
Chcklstn	
Dkmnttn dr Bhndlng	
Ntfllmngmnt	
Bschwrdmngmnt	
Ptntnbfrgng	
Fhlr zm Lrnn ntzn	

6. Aus Fehlern lernen – um diese Chance nicht zu vertun, ist es wichtig, den Fehler zu erfassen und genau zu analysieren. Auf der Internetseite www.cirsdend-jzz.de (Projekt der Bundeszahnärztekammer und der Bundeszahnärztichen Vereinigung) beschreiben Zahnmediziner ihre Fehler mithilfe eines Fragerasters (s. Beispiel). Wenden Sie dieses Raster auf einen Fehler an, der Ihnen unterlaufen ist bzw. beinahe unterlaufen wäre.

Missglückte Wurzelfüllung?

Was ist passiert?
Wurzelfüllung an 34 3 mm überstopft, Wert der elektronischen Längenmessung exakt eingehalten. Patient aufgeklärt.

Was war das Ergebnis?
Nach einer Woche Schmerzen und leichtes Taubheitsgefühl der Unterlippe links. Entzündliche Reaktion auf überstopftes Material.
Therapie: Antibiose mit Amoxicillin und direkte Überweisung für WSR.
Im OPG Abstand zum foramen mentale ca. 4 mm.

Mögliche Gründe
Keine Röntgenmessaufnahme, da elektronische Längenmessung klar und reproduzierbar war. Gerät etwas älter, evtl. Messung fehlerhaft.

Wie hätte man das Ereignis verhindern können?
Immer Röntgenmessaufnahme, trotz der ansonsten immer zuverlässigen Werte der elektronischen Längenmessung.

Welche Faktoren trugen zum Geschehen bei?
Arbeit und Umwelt, Ausrüstung.

Was ist passiert?

Was war das Ergebnis?

Mögliche Gründe

Wie hätte das Ergebnis vermieden werden können?

Welche Faktoren trugen zum Geschehen bei?

2 Zum Lösen dieses Arbeitsblattes steht Ihnen neben dem Fachbuch Informationsmaterial am Ende des Arbeitsbuches zur Verfügung (M1, Seiten 99 bis 100).

1. Eine gute Praxisorganisation verfolgt ganz konkrete Ziele. Diese verbergen sich hinter den durcheinander geratenen Sätzen, die Sie bitte sortieren. Das erste Wort stimmt immer.

Die weiterzuentwickeln ist Qualität eine um die Praxisorgansiation der Arbeit zu sichern und Voraussetzung.

____

____

Eine Teammitglieder der bessere Praxis bedeutet gute Organisation für alle und eine Stress weniger Arbeitsatmosphäre.

____

____

Eine ist ein gute Baustein wirtschaftlichen genutzt Organisation Erfolges, und da des Behandlungseinrichtungen Arbeitskraft optimal werden.

____

____

Wenn organisierte der eine Praxis steigert erlebt das sein gut Vertrauen Patient.

____

2. Tragen Sie die Begriffe sinnvoll in das folgende Diagramm ein:

Funktionen / Stellen | Praxisorganisation | Ablauforganisation | Zeit / Termine | Aufbauorganisation | Behandlung / Verwaltung | Organisationsform | Raumnutzung

3.

a. Nennen Sie sechs mögliche Punkte, die in einer Stellenbeschreibung für eine ZFA genannt werden sollten.

- ______________________
- ______________________
- ______________________
- ______________________
- ______________________
- ______________________

b. Stellen Sie sich vor, dass Sie nach Ihrer Ausbildung in einer großen zahnmedizinischen Praxis arbeiten. Entwerfen Sie Ihre „Wunschstelle" in Form einer Stellenbeschreibung.

4. Skizzieren Sie das Organigramm einer Praxis mit einer Organisation im Einliniensystem und im Mehrliniensystem, indem Sie die Felder durch Linien verbinden.

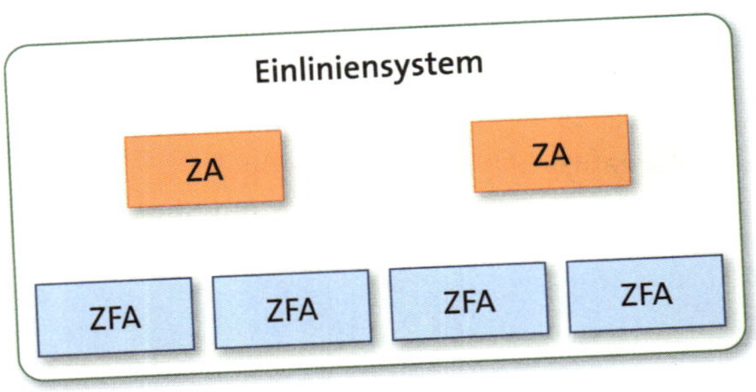

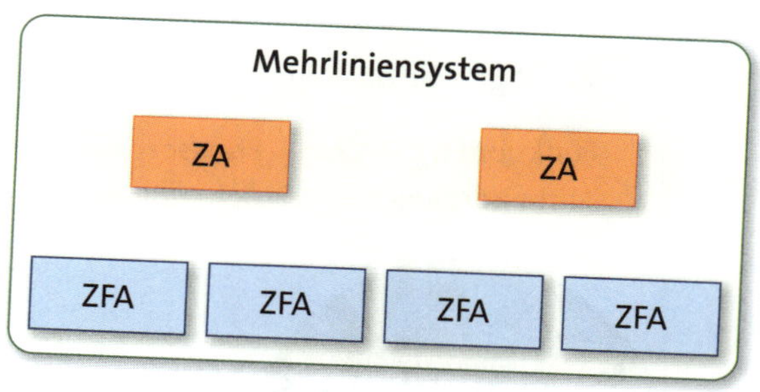

5. Entwickeln Sie ein Organigramm Ihrer Ausbildungspraxis.

6.

a. Sie erhalten den Auftrag zwei Checklisten zu erstellen und fragen Ihre Kollegin, worauf Sie dabei achten müssen. Welche Tipps könnte die Kollegin Ihnen geben?

b. Sie sollen eine Checkliste für die Tätigkeiten zu Dienstbeginn erstellen. Was müssen Sie machen, wenn Sie morgens als erste Kollegin in die Praxis kommen?

Zu Dienstbeginn – Vorbereitung der Praxis am Morgen

c. Mit der zweiten Checkliste sollen die Mitarbeiterinnen kontrollieren können, ob für eine Vitalexstirpation mit anschließender Wurzelfüllung alle Instrumente und Materialien in Griffnähe bereitgelegt wurden.

Checkliste Vitalexstirpation mit Wurzelbehandlung

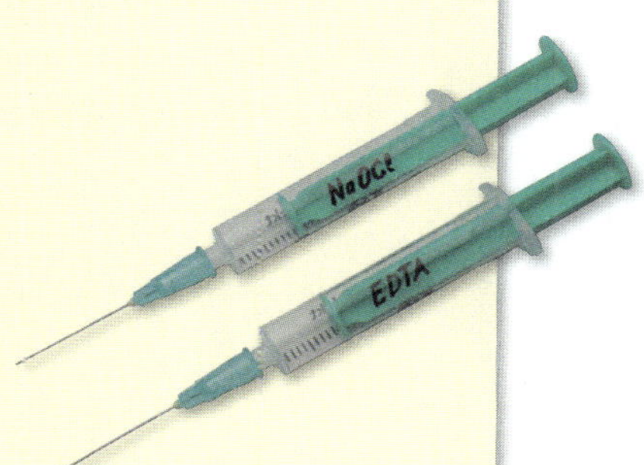

7. Welche Vorteile von Checklisten lassen sich aus dem jeweiligen Ausspruch herleiten?

Der Mensch ist keine Maschine.	
Erfahrungsschatz	
„Was gibt mir Sicherheit, wenn alles neu ist?“	
„Das habe ich doch schon gemacht!“	
„Das mache ich so selten, da fehlt mir die Routine.“	

8. Der folgende Text beschreibt einen typischen Arbeitstag von Corinna. Wo hätte eine bessere Praxisorganisation, Ärger und Frustration verhindern können? Unterstreichen und nummerieren Sie die entsprechenden Stellen im Text. Notieren Sie darunter, welche praxisorganisatorische Maßnahme jeweils sinnvoll gewesen wäre und warum.

Corinna ist Frühaufsteherin und heute, wie so oft, die erste in der Praxis. Nachdem sie die Beleuchtung eingeschaltet und den Computer hochgefahren hat, bereitet sie die Behandlungszimmer vor. Sie selber weiß noch nicht, in welchem Bereich sie heute arbeiten wird. Als ihre Kollegin Maria in die Praxis kommt, reagiert diese total genervt. Sie findet es nicht hilfreich, dass Corinna „ihr“ Zimmer vorbereitet, da dann nichts so sei, wie sie es gerne habe.

Nachdem Corinna zwei Stunden bei Dr. Strenz assistiert hat, fordert die dienstälteste ZFA Helga Corinna auf, das Sterilisiergut vorzubereiten. Corinna verschwindet im „Steri“, bis Dr. Strenz laut nach ihr ruft. Sie solle Röntgenbilder anfertigen und Helga habe ihr gar nicht zu sagen, was sie zu machen habe. Langsam geht Corinnas Stimmung in den Keller.

Nachmittags will Corinna alles für einen größeren chirurgischen Eingriff vorbereiten. Da dieser Eingriff nur sehr selten durchgeführt wird, fehlt Corinna die Routine. Sie fragt ihre Kolleginnen, bekommt aber leider sehr unterschiedliche Antworten und es gibt nichts, wo sie nachschauen könnte. Corinna gerät in Stress, glücklicherweise läuft die Assistenz am Ende aber gut. Erschöpft und auch ein wenig genervt geht Corinna in den Feierabend.

____

____

____

____

____

____

3

Zum Lösen dieses Arbeitsblattes steht Ihnen neben dem Fachbuch Informationsmaterial am Ende des Arbeitsbuches zur Verfügung (M2 und M3, Seiten 101 bis 102).

1. Zeitmanagement – was ist das und welche Ziele werden damit in der Zahnarztpraxis verfolgt?

Definition	Ziele

2. Es gibt unterschiedliche Methoden um die zur Verfügung stehende Zeit effizient zu planen und zu strukturieren. In fast allen Methoden gibt es wesentliche Grundsätze. Ergänzen Sie folgendes Schaubild.

1	Überblick über die Aufgaben	
2		Was ist wichtig und muss schnell erledigt werden? Was kann warten? Was kann jemand anderes machen?
3	Mit Luft planen	
4		Am Ende des Tages überprüft man, was man geschafft hat. Was gut gelaufen ist und was alles geschafft wurde, sollte man sich genussvoll vor Augen führen.

3. Wann ist es sinnvoll eine To-do-Liste anzulegen?

____

____

____

____

4. Sie werden als neue ZFA von einer erfahrenen Kollegin eingewiesen.

a. Welche Aufgabe ist unter dem Blickwinkel der ABC-Analyse eine A-Aufgabe, welche eine B- und welche eine C-Aufgabe? Tragen Sie den jeweiligen Buchstaben in die kleinen Kreise ein.

b. Um welchen Aufgabentyp handelt es sich: A, B oder C?

	A	B	C
1. Ein Patient muss telefonisch an einen langen Behandlungstermin am nächsten Tag erinnert werden.			
2. Die Röntgenbilder aus einer aktuell laufenden Behandlung müssen entwickelt werden.			
3. Der Sprechstundenbedarf muss aus der Apotheke geholt werden.			
4. Die nur in beschränkter Zahl vorhandenen Winkelstücke müssen aufbereitet werden.			
5. Die Karteikarten müssen wegsortiert werden.			
6. Der HKP soll dem Patienten gleich nach der Behandlung mitgegeben werden; er ist noch nicht erstellt worden.			

5. Welche Hilfsmittel für eine effektive Zeitplanung finden Sie in einer zahnmedizinischen Praxis? Notieren Sie auch, was in dem jeweiligen Zeitplan festgelegt wird.

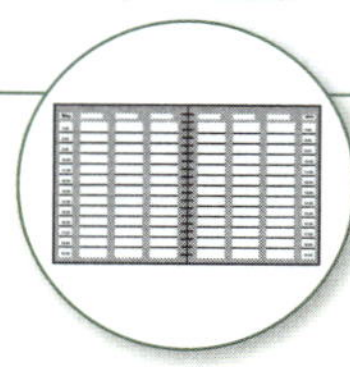

6. Wann sollte der Urlaubsplan einer Praxis aufgestellt werden? Begründen Sie Ihre Antwort.

7.

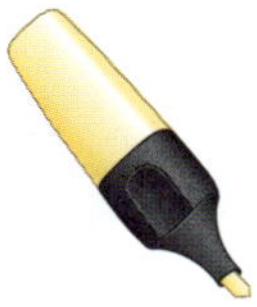

a. Welche Verträge und Gesetze müssen bei der Erstellung von Dienstplänen berücksichtigt werden? Alle Verträge und gesetzlichen Regelungen verbergen sich in diesem Rätselfeld.

	A	B	C	D	E	F	G	H	I	J	K	L	M	N	O	P	Q	R	S	T	U	V	W	X	Y
1	L	X	G	U	J	H	X	Q	Q	L	C	O	S	X	V	A	O	X	L	R	N	N	M	J	K
2	H	B	E	R	U	F	S	B	I	L	D	U	N	G	S	G	E	S	E	T	Z	B	G	Z	B
3	K	J	M	E	M	G	Q	O	E	Y	A	R	N	K	C	U	L	T	P	V	A	F	B	A	I
4	D	A	N	R	O	V	C	E	R	L	R	J	D	S	Y	N	C	T	K	M	M	F	I	R	P
5	E	Y	C	L	H	W	T	H	R	G	B	C	A	I	U	H	G	M	G	I	B	M	F	B	P
6	T	Y	I	O	C	Q	K	Y	C	Y	E	Q	J	D	M	F	Z	D	A	I	O	X	N	E	W
7	V	R	S	Z	I	M	K	S	E	K	I	O	V	O	L	N	F	Q	M	R	X	J	H	I	D
8	N	F	P	J	W	M	E	M	U	T	T	E	R	S	C	H	U	T	Z	G	E	S	E	T	Z
9	R	T	P	U	E	V	F	Y	B	B	S	U	J	M	D	D	E	B	S	N	O	F	M	S	T
10	K	X	T	C	E	L	T	E	R	N	Z	E	I	T	G	E	S	E	T	Z	D	Q	J	V	E
11	C	L	Y	O	M	Z	F	J	K	H	E	N	D	N	Z	O	X	R	L	S	B	T	S	E	E
12	F	I	U	B	N	T	U	I	Z	U	I	R	X	W	K	D	Y	U	S	K	A	E	E	R	K
13	C	H	Q	W	M	E	X	J	I	U	T	A	R	I	F	V	E	R	T	R	A	G	I	T	G
14	G	E	J	A	T	V	H	S	K	V	G	T	L	C	K	I	S	I	U	D	P	Y	G	R	C
15	Z	Q	P	X	O	G	W	B	L	T	E	G	J	K	N	H	P	F	C	X	C	Q	X	A	Y
16	W	L	M	U	V	J	F	I	K	D	S	Q	C	F	S	N	E	Z	M	A	L	H	T	G	V
17	E	C	U	R	L	A	U	B	S	G	E	S	E	T	Z	A	D	J	E	Z	W	P	S	D	G
18	A	V	U	U	I	L	O	U	O	F	T	F	J	O	I	N	L	O	B	O	F	Z	Y	Z	V
19	K	U	Z	G	E	S	A	I	S	C	Z	C	H	K	O	I	H	V	I	J	K	V	K	S	R
20	Q	W	E	R	T	R	Z	T	J	M	K	L	I	O	P	Ö	P	I	L	A	N	G	E	S	E
21	J	U	G	E	N	D	A	R	B	E	I	T	S	S	C	H	U	T	Z	G	E	S	E	T	Z
22	K	Y	Q	N	F	P	U	A	U	M	F	P	X	Y	Q	A	R	Z	A	U	A	U	T	L	X
23	H	R	X	H	J	A	H	Z	Q	W	M	E	X	J	I	Q	W	Q	W	M	E	X	T	P	P

b. Schreiben Sie die gefundenen Gesetze und Verträge auf und nennen Sie jeweils eine wichtige Vorschrift oder Bestimmung daraus, die sich auf die Dienstplangestaltung auswirkt.

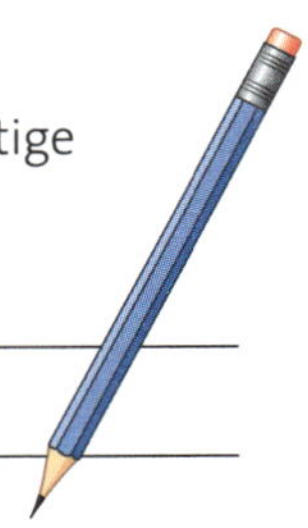

8. Was unterscheidet eine offene Sprechstunde von einer Terminsprechstunde?

9. Zwei der Aussagen zur Terminplanung sich nicht richtig. Streichen Sie diese Aussagen durch und formulieren Sie im Anschluss eine korrekte Aussage.

Die geplante Dauer eines Termins hängt davon ab, wie viele Patienten an diesem Tag behandelt werden sollen.

Pufferzeiten einzuplanen ist sinnvoll, da es immer wieder zu unvorhersehbaren Verzögerungen kommen kann oder Notfallpatienten die Praxis aufsuchen.

Die ZFA an der Anmeldung sollte den Patienten nach seinen Beschwerden bzw. nach dem Grund des Besuches fragen, um die benötigte Dauer des Termins besser einschätzen zu können.

Um den Zeitplan einhalten zu können, ist es nicht erforderlich, dass die ZFA über die geplante Dauer eines Termins und das Tagesprogramm informiert ist.

10.

a. Welche Vorteile hat ein Terminbuch und welche dagegen die Terminverwaltung mit dem Computer?

Terminbuch	Terminverwaltung mit Computer

b. Welche Terminverwaltung würden Sie wählen? Treffen Sie eine begründete Entscheidung.

4 Zum Lösen dieses Arbeitsblattes steht Ihnen neben dem Fachbuch Informationsmaterial am Ende des Arbeitsbuches zur Verfügung (M4 und M5, Seiten 103 bis 106).

1.

a. In einer zahnmedizinischen Praxis kommt es zwischen Daria und Susi zu einem Konflikt, der im Verlauf völlig eskaliert. Geben Sie der jeweiligen Eskalationsstufe eine Überschrift.

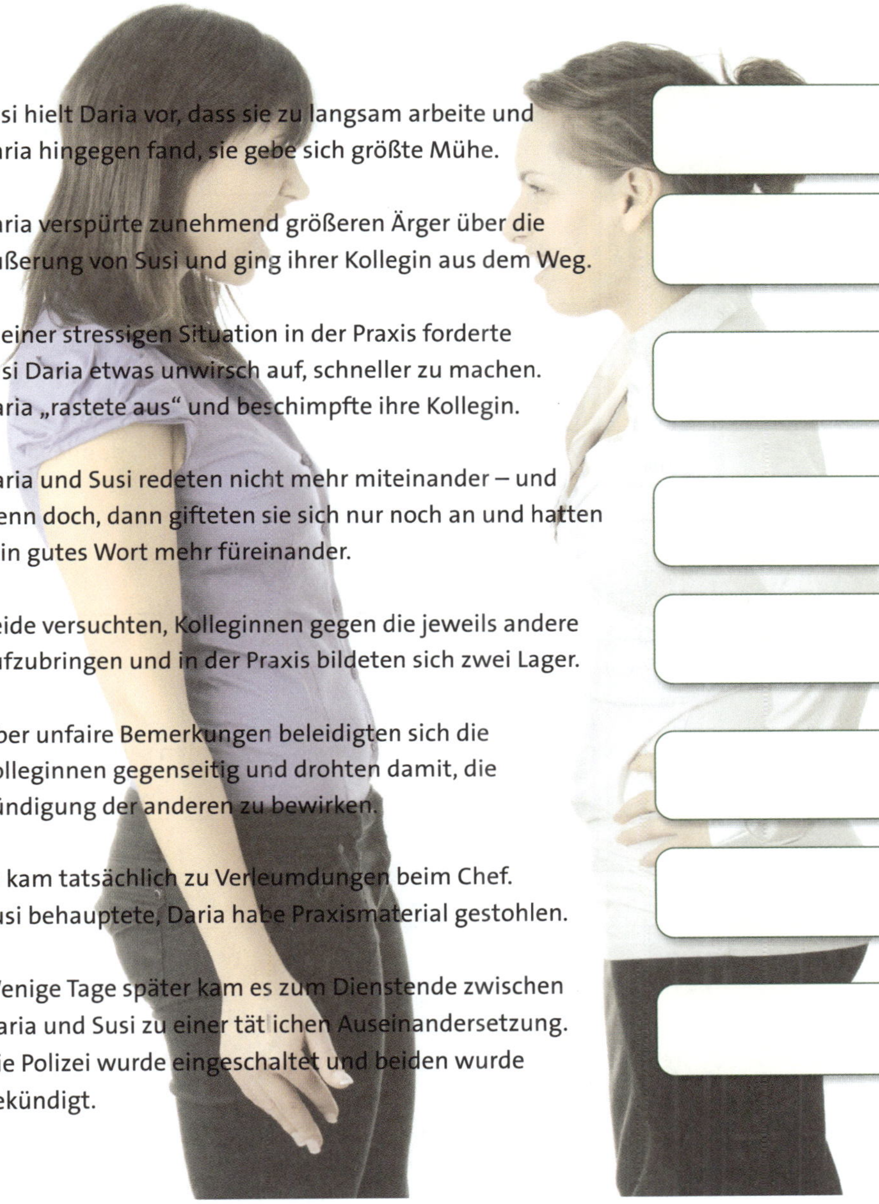

Susi hielt Daria vor, dass sie zu langsam arbeite und Daria hingegen fand, sie gebe sich größte Mühe.

Daria verspürte zunehmend größeren Ärger über die Äußerung von Susi und ging ihrer Kollegin aus dem Weg.

In einer stressigen Situation in der Praxis forderte Susi Daria etwas unwirsch auf, schneller zu machen. Daria „rastete aus“ und beschimpfte ihre Kollegin.

Daria und Susi redeten nicht mehr miteinander – und wenn doch, dann gifteten sie sich nur noch an und hatten kein gutes Wort mehr füreinander.

Beide versuchten, Kolleginnen gegen die jeweils andere aufzubringen und in der Praxis bildeten sich zwei Lager.

Über unfaire Bemerkungen beleidigten sich die Kolleginnen gegenseitig und drohten damit, die Kündigung der anderen zu bewirken.

Es kam tatsächlich zu Verleumdungen beim Chef. Susi behauptete, Daria habe Praxismaterial gestohlen.

Wenige Tage später kam es zum Dienstende zwischen Daria und Susi zu einer tätlichen Auseinandersetzung. Die Polizei wurde eingeschaltet und beiden wurde gekündigt.

b. Stellen Sie sich vor, Daria hätte es geschafft rechtzeitig und konstruktiv auf Susi zuzugehen. Wie könnte sie die Ich-Botschaft in drei Schritten („Erleben, Gefühle, Wünsche“) formulieren?

2. Wie sollten Sie sich verhalten, wenn es in einem Gespräch darum geht, einen Konflikt konstruktiv zu lösen? Notieren Sie fünf hilfreiche Verhaltensregeln.

3. Nehmen Sie zu den folgenden Aussagen zum Thema „Beschwerde“ Stellung.

> Wenn sich keiner beschwert, ist das ein Zeichen für unsere gute Arbeit.

> Wir müssen die Zahl der Beschwerden dringend senken.

> Der sich beschwerende Patient ist unser Gegner und stört nur unsere Arbeit.

4. Wie kann man die Hemmschwelle, Beschwerden zu äußern, für Patienten senken?

1.

2.

5. Erstellen Sie eine Checkliste für das Verhalten bei der Annahme einer Beschwerde.

Patienten beschweren sich – worauf ist zu achten?

5 Zum Lösen dieses Arbeitsblattes steht Ihnen neben dem Fachbuch Informationsmaterial am Ende des Arbeitsbuches zur Verfügung (M6, Seite 107).

1. Um welche Ordnungssysteme handelt es sich? Ergänzen Sie die „Karteikarten"!

Ordnen nach Buchstaben, z. B. Patientenkarteien: ____________________

Ordnen nach Datum / zeitlicher Abfolge, z. B. Kontoauszüge: ____________________

Ordnen nach sachlichen Merkmalen, z. B. der Schriftverkehr zu einem Inhalt wie Bewerbungen, Angebote usw.: ____________________

Ordnen nach Buchstaben und Ziffern, z. B. bei Kundennummern bzw. Aktenzeichen mit Zahlen und Buchstaben: ____________________

2. Welche Regeln gelten bei der alphabetischen Ordnung? Ergänzen Sie bitte die Tabelle.

Beispiel	Regel
Umlaute wie *ä, ö, ü*	
ß	
Doppelnamen wie *Müller-Lüdenscheidt*	
Akademische Grade oder Adelstitel wie *Dr., Prof.* oder *Graf*	
Vorsatzwörter wie *von* und *zu*	

3. In welchen Blöcken sind alle Namen korrekt nach DIN 5007 geordnet?

Clausen, Dieter
Clausen, Tanja, Dr.
Klaussen, Bernd
Claussen, Sabrina
Klaußen, Sabine
Klaussen, Xaver

Baier, Hartmut
Bayer, Anke
Beier, Madeleine
Beyer, Andreas
Beyer-Sand, Andrea
Beyer-Sand, Tom

Wörner
Woerner, A.
Wörner, F.
Woerner, Frank
Wörner, Ines
Woerner, Kathrin

Sanders, Freya
Seidel, Uta
Schreiber, Birgit
Schuhmann, Christa
Schumann, Christin
Stolze, Doreen

4. Warum ist es sinnvoll, die Alphabetleiste von Karteikarten entsprechend den Namen farbig zu markieren?

____

____

5. Was gewährleistet eine durchdachte Schriftgutablage? Ergänzen Sie folgendes Schaubild.

6. Auf dem Markt werden viele unterschiedliche Systeme für die Schriftgutablage angeboten. Was spricht jeweils für bzw. gegen folgende Registratursysteme?

	Vorteile	Nachteile
Hänge- bzw. Pendelregistratur 		
Ordner 		
Kassettenregistratur 		

7. Wie lange müssen die folgenden Dokumente aufbewahrt werden?

Behandlungsaufzeichnungen:	Röntgenbilder:	Rechnungen:
Modelle für die Anfertigung von Zahnersatz:	Durchschrift einer Arbeitsunfähigkeitsbescheinigung:	Dokumentation der Erste-Hilfe-Leistung bei Arbeitsunfällen (ehemals Verbandbuch):

6 Zum Lösen dieses Arbeitsblattes steht Ihnen neben dem Fachbuch Informationsmaterial am Ende des Arbeitsbuches zur Verfügung (M7, Seite 108).

1. Entwickeln Sie mit folgenden Begriffen ein Ablaufdiagramm zum Thema Postausgang:

FALZEN | FRANKIEREN | KONTROLLE DER ANSCHRIFT, DER ANLAGEN UND DER UNTERSCHRIFT | KUVERTIEREN | SORTIEREN | ERMITTLUNG DES PORTOS

2. Es gibt unterschiedliche Frankierungsmöglichkeiten. Welche passt zu welchem Bild und welcher Beschreibung? Verbinden Sie die zusammengehörenden Kästchen.

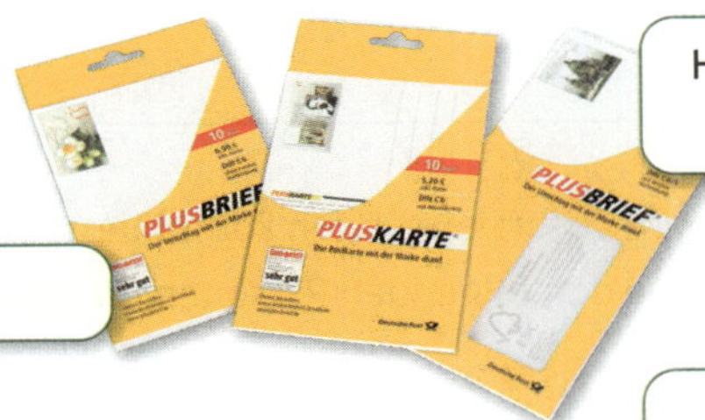

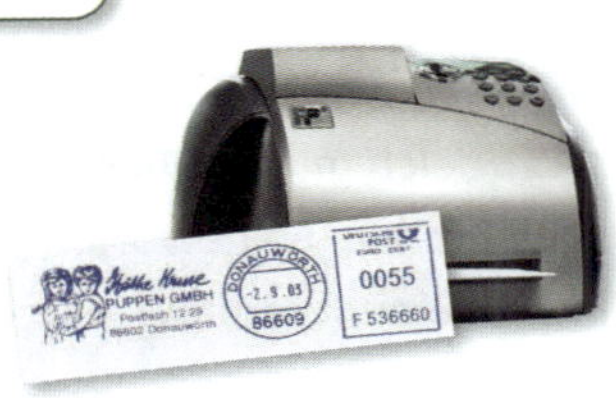

Briefmarke	Hier ist das Postwertzeichen bereits auf die Karte oder den Briefumschlag gedruckt.
Pluskarte	Sie hat einen bestimmten Wert und wird auf die Karte oder den Brief geklebt.
Frankiermaschine	Wenn man sich bei diesem Dienst angemeldet hat, kann man die Frankierung mit dem eigenen Drucker auf Briefumschläge oder Etiketten drucken.
Internetmarke	Mit diesem Gerät können Frankierungen bis zu einem bestimmten Gesamtwert auf Sendungen gedruckt werden.

3. Ob Brief oder Warensendung – der Preis hängt in erster Linie vom Format und Gewicht ab. Ergänzen Sie folgende Tabelle.

	Preis	Gewicht bis
Postkarte		
Standardbrief		
Kompaktbrief		
Großbrief		
Maxibrief		

4. Sie haben die Möglichkeit, etwas als Päckchen oder als Paket zu versenden und sind noch nicht sicher, was besser wäre. Was würde für das eine, was für das andere sprechen?

pro Päckchen

pro Paket

5.

a. Welche Personen gelten bei Einschreiben als empfangsberechtigt?

- ______________________________
- ______________________________
- ______________________________

b. Das Einschreiben kann mit weiteren Zusatzleistungen kombiniert werden. Welche Versandart würden Sie den folgenden Personen empfehlen?

Ich brauche eine Bestätigung, dass ich den Brief bei der Post aufgegeben habe, dann kann er normal versendet werden. → ______________

______________ ← Ich brauche dringend eine Bestätigung, dass der Empfänger oder eine empfangsberechtigte Person den Brief erhalten haben.

Ich brauche eine Bestätigung, dass ich den Brief bei der Post abgegeben habe und der Brief darf nur dem Empfänger persönlich ausgehändigt werden. → ______________

______________ ← Ich muss sicher sein, dass der Brief nicht nur in den Postkasten geworfen wird, sondern dem Empfänger oder einer empfangsberechtigten Person übergeben wird.

6. Wie würden Sie folgende Sendungen aufgeben? Notieren Sie eine kurze Begründung.

Terminerinnerung	
Rechnungen	
Recall	
Mahnungen	

7.

a. Hin und wieder müssen in einer zahnmedizinischen Praxis Gewebeproben oder Abstriche versandt werden. Die Transportverpackung von Material, das aller Wahrscheinlichkeit nach keine Krankheitserreger enthält, besteht aus drei Teilen. Beschriften Sie die schematische Abbildung.

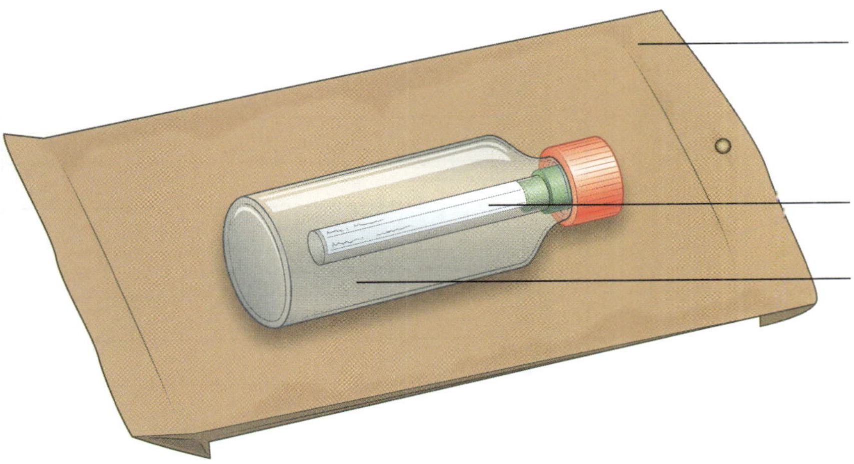

b. Wie muss das Versandstück gekennzeichnet werden?

8. Bringen Sie die folgenden Arbeitsschritte im Posteingang in die richtige Reihenfolge.

- Evtl. Karteikarte heraussuchen
- Vorsortieren der Eingangspost
- Vollständigkeit überprüfen
- Öffnen der Praxispost
- Entgegennehmen der Post
- Mit Eingangsstempel versehen
- Verteilen der Post

1. ______
2. ______
3. ______
4. ______
5. ______
6. ______
7. ______

9. Füllen Sie die Adressfelder nach den Angaben normgerecht aus.

1	
2	
3	
1	
2	
3	
4	
5	
6	

Herr Heiner Will, Friedländer Straße 35b, 17033 Neubrandenburg

1	
2	
3	
1	
2	
3	
4	
5	
6	

Marion Seemann (Rechtsanwältin), Am Brunnenhof 176, 22767 Hamburg; Versendung als Einschreiben

1	
2	
3	
1	
2	
3	
4	
5	
6	

Frau Gertrud Mahlmann, tätig im Dentallabor Friedel, Blumenallee 11, 66953 Pirmasens; der Brief kann auch von einer anderen Mitarbeiterin geöffnet werden.

1	
2	
3	
1	
2	
3	
4	
5	
6	

Herr Dr. Torsten Sudeck aus der Zahnklinik Passau, Pfaffengasse 78, 94032 Passau; Brief soll von Herrn Sudeck geöffnet werden

10. Welche Briefe darf die ZFA Denise aus der Praxis von Dr. Baumeister öffnen?

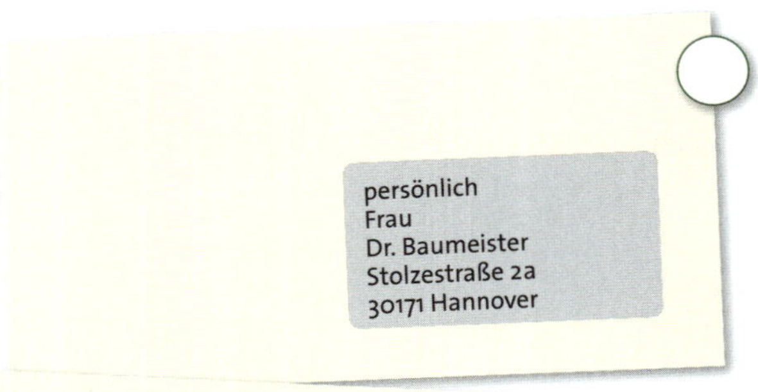

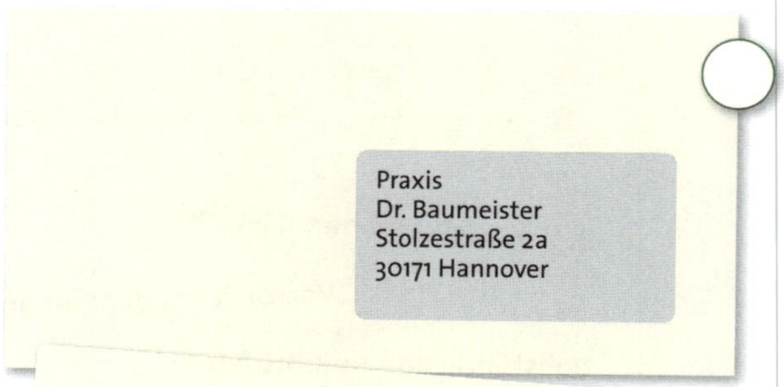

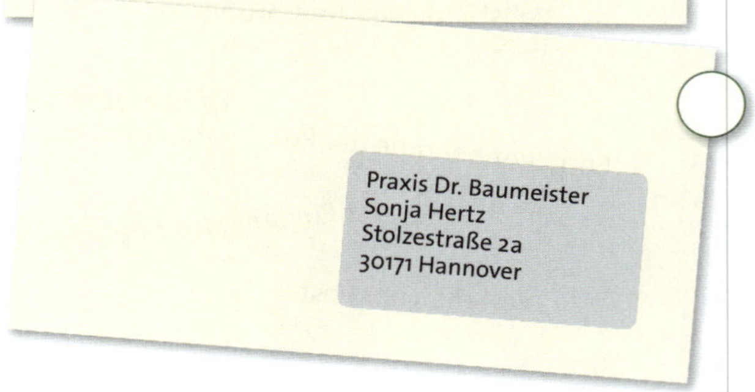

Lernfeld 6

7

1. Hier verbergen sich mehrere Begriffe zum Thema Praxisorganisation. Eine Zahl steht jeweils für den gleichen Buchstaben.

1.	C	H	E	C	K	L	I	S	T	E													
	3	9	23	3	22	7	14	10	19	23													
	Mit ihr wird so schnell nichts vergessen.																						
2.																							
	10	1	26	14	13	7	12	23	10	23	19	26	18	17	3	9							
	Hier steht, dass eine zahnmedizinische Praxis ein Qualitätsmanagement einführen muss.																						
3.																							
	20	17	13	7	14	19	13	23	19	10	26	24	22	7	17	10							
	Er besteht aus Planen, Tun, Kontrollieren und Handeln.																						
4.																							
	26	23	4	19	14	2	14	22	13	19													
	Wenn man schon ein Qualitätsmanagementsystem einführt, dann hätte man auch gerne dieses als Ergebnis.																						
5.																							
	11	4	13	25	14	10	9	13	21	8	18	17	3	9									
	Hierin befindet sich alles, was für die Qualitätsentwicklung in der Praxis von Bedeutung ist.																						
6.																							
	10	19	23	7	7	23	21	18	23	10	3	9	4	23	14	18	17	21	12				
	Hierin steht, wer mir was sagen darf, wem ich was sagen darf und was ich zu tun habe.																						
7.																							
	13	18	7	13	17	2	1	4	12	13	21	14	10	13	19	14	1	21					
	Mit ihr wird so schnell nichts vergessen.																						
8.																							
	1	4	12	13	21	14	12	4	13	16	16												
	Diese Ansammlung von Strichen und Kästen ist in Bezug auf eine Organisationsform sehr informativ.																						
9.																							
	18	23	10	3	9	15	23	4	8	23	16	13	21	13	12	23	16	23	21	19			
	Eine solche aktiv einzuholen, zügig und zuverlässig zu bearbeiten und daraus zu lernen, nennt man ...																						
10.																							
	15	23	14	10	17	21	12	10	18	23	2	17	12	21	14	10							
	Wenn ich jemandem Anweisungen geben kann, dann habe ich sie.																						
11.																							
	10	19	4	17	22	19	17	4	20	17	13	7	14	19	13	23	19						
	Wenn Mitarbeiter besser geschult und die Praxis technisch aufgerüstet werden soll, geht's um ...																						

2. Auf die Schnelle – was ist das?

falzen ______________________________

kuvertieren ______________________________

frankieren ______________________________

delegieren ______________________________

Anschrift ______________________________

Absender ______________________________

Korrespondenz ______________________________

3.

(ä = ae usw.)

senkrecht:

1. Die zur Verfügung stehende Zeit optimal nutzen durch ...
3. Wenn man nach Buchstaben sortiert, sortiert man so.
4. Wenn eine Meinungsverschiedenheit zum Kleinkrieg wird, spricht man von einer ...
5. Das Päckchen ist nicht versichert, dieses schon.
6. Fachbegriff für Schriftgutablage.
7. Porto im Büro oder zuhause einfach selber ausdrucken.
10. Wenn man nach Zeit ordnet, dann ordnet man so.
13. In diesem Kalender ist vermerkt, wann welcher Patient zur Behandlung kommt.
14. Meinungsverschiedenheiten können zu diesem führen.
15. Sie wird auch vertikale Ablage genannt.
16. Viel zu tun? Dann sollte man eine solche anlegen.
18. Mehr als 50 Briefe mit gleichem Inhalt? Dann kann man sie so verschicken.
21. Alles was an Briefen hereinkommt ist die ...
22. Wer geht wann in die Ferien? Wo schauen Sie nach?
25. Wenn ein Konflikt nicht offen ausgetragen wird, ist er ...
26. Gebühr für die Versendung von Briefen.

waagerecht:

2. Die Pendelregistratur wird auch als ... Ablage bezeichnet.
8. Die Schriftgutablage gewährleistet schnellen Zugriff und das schnelle ...
9. Wenn man in kurzer Zeit viel schafft, arbeitet man ...
11. Auf diesem Umschlag ist bereits das Porto drauf.
12. Wenn man einen Konflikt so löst, ist keiner der Verlierer.
17. In ihnen ist viel Platz und sie brauchen immer denselben.
19. Hier sortiert man nach Zahlen und Buchstaben.
20. Damit ist man sicher, dass ein Einschreiben angekommen ist.
23. Hier kann nicht jeder Patient kommen, wann er will.
24. Hier lagern die Papiere bis zum Ablauf der Aufbewahrungsfrist.
27. Wenn etwas wichtiger ist als alles andere, hat es absolute ....
28. Wer arbeitet in welchem Bereich? In diesem Plan findet man die Antwort.

1

1. Blut besteht zum überwiegenden Teil aus Flüssigkeit, dem Blutplasma. Ergänzen Sie bitte die übrigen Bestandteile im Schaubild.

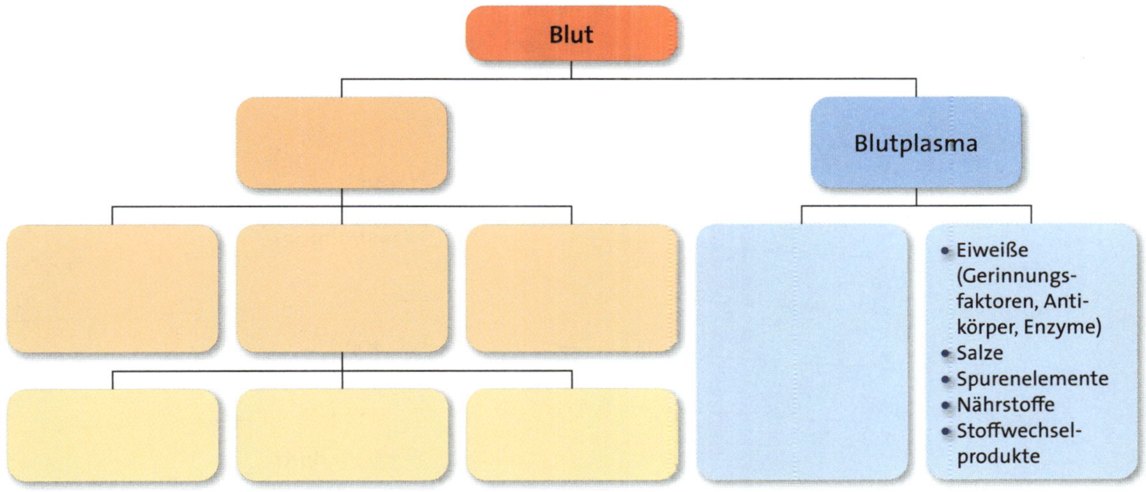

2. Blut in Zahlen.

Wie viel Liter Blut fließen durch den menschlichen Körper? ____________

Zu wie viel Prozent besteht das Blut aus Blutplasma? ____________

Ca. ____________ des Blutplasmas ist Wasser, der Rest besteht aus gelösten Stoffen.

3. Welcher Blutbestandteil ist für welche Aufgabe zuständig? Markieren Sie die Aufgabe und den dazu passenden Blutbestandteil in der gleichen Farbe.

Abwehr von Krankheitserregern

Pufferfunktion

rote Blutkörperchen

Sauerstoff- und Kohlendioxidtransport

Blutplättchen

Wasser

Abdichten von Gefäßverletzungen

weiße Blutkörperchen

Transportfunktion, z. B. von Nährstoffen

Salze

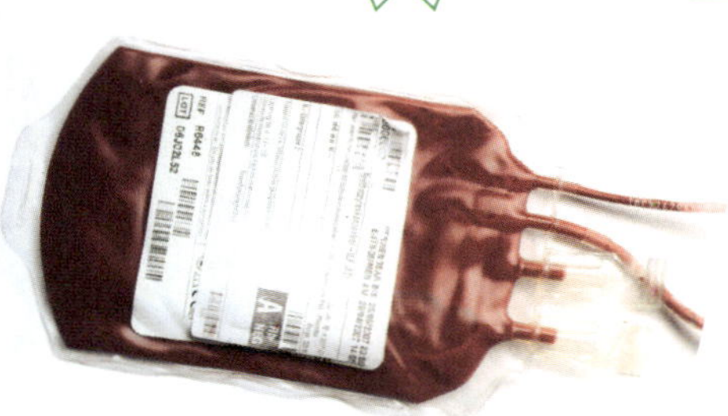

4. In den Steckbriefen werden Blutkörperchen gesucht. Ergänzen Sie die fehlenden Angaben.

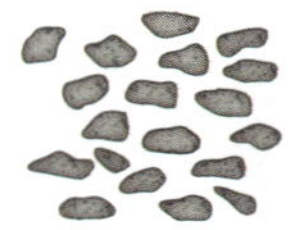

Name: ____________________

Beschreibung: ____________________

____

Aufgabe: ____________________

____

Anzahl im Blut: ____________________

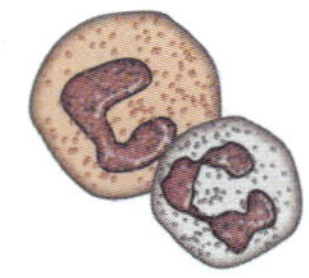

Name: ____________________

Beschreibung: ____________________

____

Aufgabe: ____________________

____

Anzahl im Blut: ____________________

Name: ____________________

Beschreibung: ____________________

____

Aufgabe: ____________________

____

Anzahl im Blut: ____________________

5. Wie heißt der rote Blutfarbstoff?

____

6. Einige Profisportler bereiten sich auf wichtige Wettkämpfe mit einem sogenannten Höhentraining vor. Hierzu trainieren Sie über einen längeren Zeitraum in größerer Höhe in den Bergen (2000 m Höhe). Hier ist der Sauerstoffgehalt der Luft geringer. Zurück in der Ebene ist ihre Ausdauerleistung deutlich besser geworden. Wie ist dies möglich? Bedenken Sie bei Ihrer Antwort, dass sich der Körper an den geringeren Sauerstoffgehalt anpassen muss.

2

1. Bringen Sie die Vorgänge bei der Gefäßabdichtung nach einer Verletzung in die richtige Reihenfolge. Bitte setzen Sie Ziffern von 1 bis 4 in die kleinen Kreise und beschreiben Sie die einzelnen Schritte.

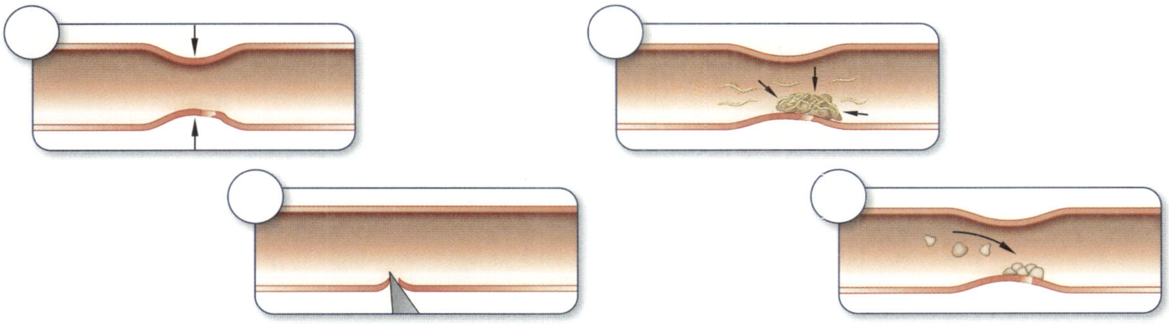

1. ______
2. ______
3. ______
4. ______

2. Was bedeutet der Begriff Vasokonstriktion?

______

3.

a. Welche Fachbegriffe aus dem Themengebiet Gerinnung sind hier durcheinander geraten? Tragen Sie die Begriffe in die Kästchen ein.

rmirtonhoPb → ______	izernibtnF → ______
ngirnoebFi → ______	nribiF → ______
bhnoiTrm → ______	nnerstinauogGkefrn → ______

b. Fügen Sie die Begriffe aus Aufgabe a) in diesen Text ein.

Die Blutgerinnung ist ein über mehrere Stufen ablaufender Vorgang. Die verklumpten Thrombozyten setzen ______ frei. Diese bewirken die Umwandlung von ______ in ______. Dies wiederum bewirkt die Umwandlung des im Blut gelösten ______ in unlösliches ______. Die entstehenden Fibrinfäden durchziehen den Thrombus und bilden ein ______.

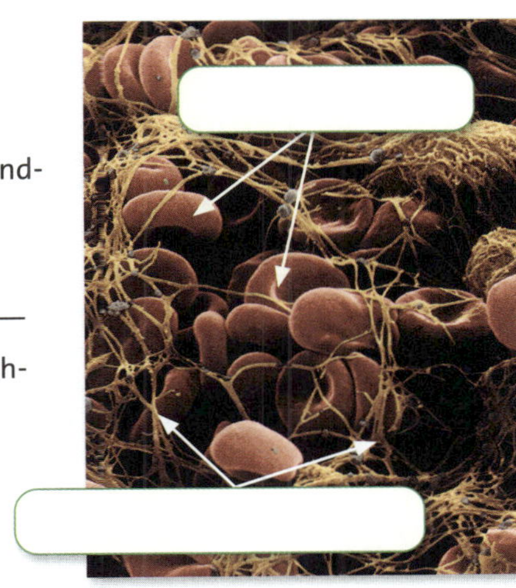

c. Was ist auf der nebenstehenden Abbildung zu erkennen? Beschriften Sie.

4. Man unterscheidet Blutstillung und Blutgerinnung. Wie lange dauern die beiden Vorgänge in etwa?

Dauer der Blutstillung: ______________________

Dauer der Blutgerinnung: ______________________

5. Welche Schutzbarrieren vor dem Eindringen von Krankheitserregern besitzt ein Mensch? Tragen Sie die jeweiligen Schutzbarrieren ein. Wovor schützen sie? Nennen Sie jeweils ein Beispiel.

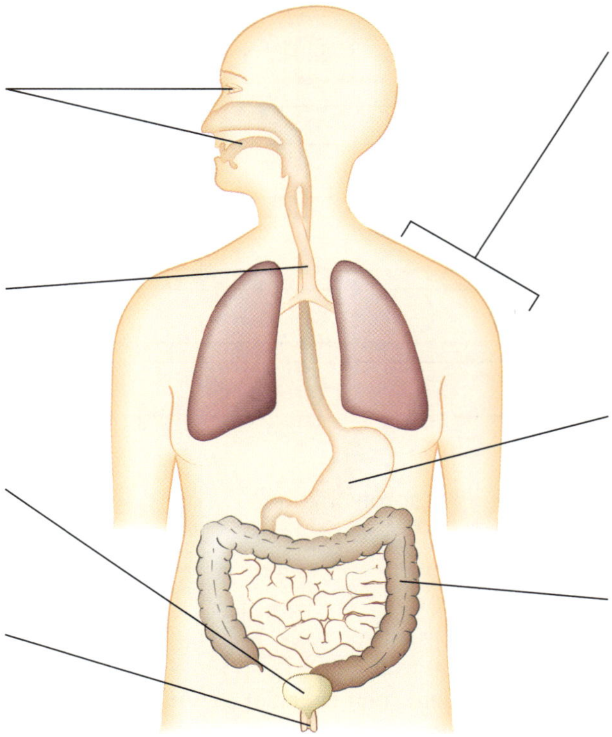

6. Welche der Aussagen passen zur spezifischen, welche zur unspezifischen Abwehr? Ordnen Sie zu, indem Sie die entsprechenden Kästchen mit Strichen verbinden. Markieren Sie die Kästchen zusätzlich in den vorgegebenen Farben.

spezifische Abwehr

- wirkt generell gegen Krankheitserreger
- braucht länger, um zu wirken
- Lymphozyten
- Fresszellen
- ist auf bestimmte Erreger spezialisiert
- reagiert schnell
- lockt Abwehrzellen an
- Antigene
- von Geburt an vorhanden

unspezifische Abwehr

3

1. Beschriften Sie die Abbildung zum Wandaufbau eines Blutgefäßes:
a) Wie heißt die Schicht? – b) Woraus besteht die Schicht?

a) ______________________________

b) ______________________________

a) ______________________________

b) ______________________________

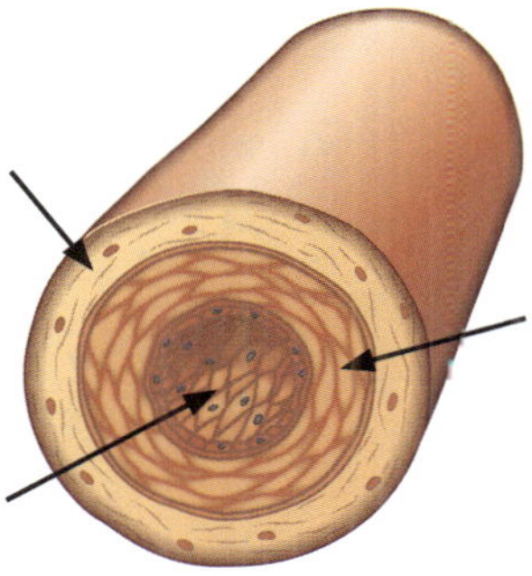

a) ______________________________

b) ______________________________

____

2. Welche Aussagen sind richtig? Bitte kreuzen Sie entsprechend an.

- ○ Arterien führen vom Herzen weg.
- ○ In Venen ist der Druck größer als in den Arterien.
- ○ Arterien haben eine dickere Muskelschicht als Venen.
- ○ Den Puls kann man an einigen Arterien tasten.
- ○ In allen Venen fließt sauerstoffarmes Blut.
- ○ In allen Arterien fließt sauerstoffarmes Blut.
- ○ Venen können Klappen enthalten.
- ○ Arterielle Gefäßverletzungen bluten meist sehr stark.
- ○ Venolen sind die kleinsten Verzweigungen der Venen.

3.

a. Welche Abbildung zeigt die Arterienpumpe, welche die Muskelpumpe?

b. Beschreiben Sie mithilfe der Abbildungen das Prinzip der Arterienpumpe und das Prinzip der Muskelpumpe.

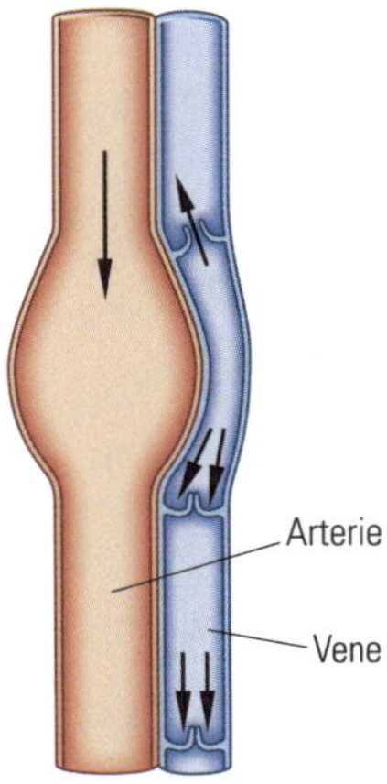

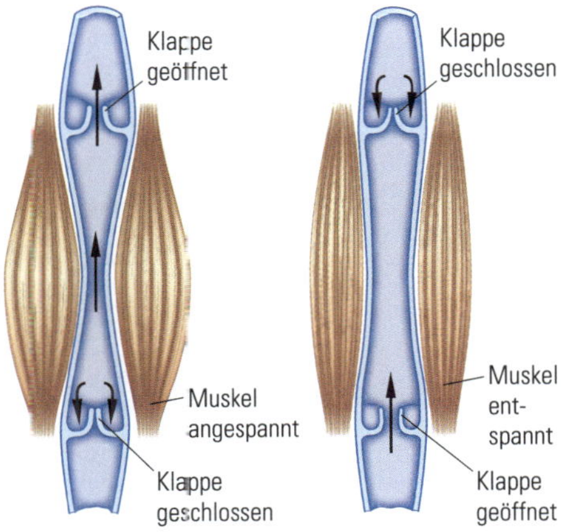

4. Zeichnen Sie in die Abbildung möglichst genau die Lage des Herzens ein und benennen Sie Größe, Gewicht und Funktion des Herzens.

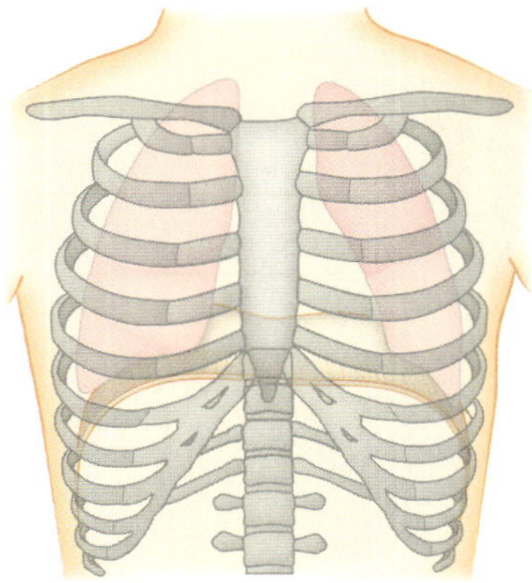

Größe: ______________________________

Gewicht: ______________________________

Funktion: ______________________________

5. Man unterscheidet drei Muskelgewebe. Nennen Sie diese und ergänzen Sie die Tabelle.

Muskelgewebe	Kraft und Ermüdbarkeit	Willentlich beeinflussbar?	Wo im Körper ist diese Muskulatur zu finden?

6. Beschriften Sie die Abbildung des Herzens.

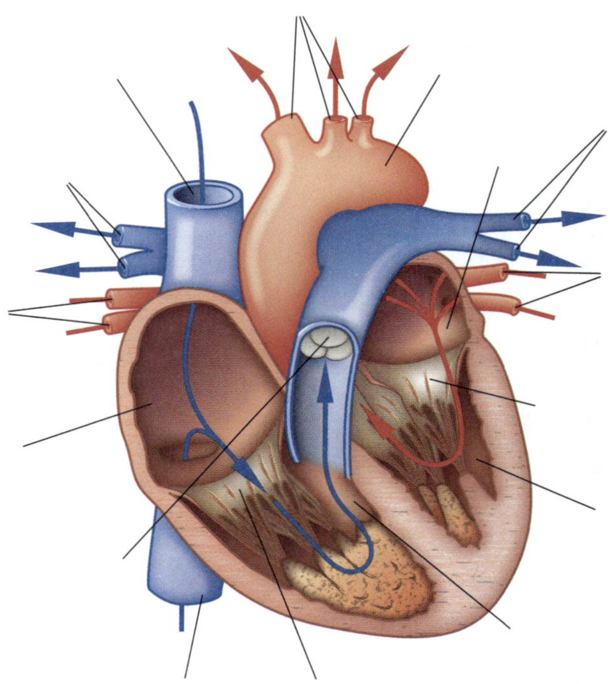

7. Wie funktioniert das Herz? Suchen Sie die Begriffe in der Wortschlange und ergänzen Sie bitte den Text. (Achtung, ein Begriff wird dreimal verwendet!)

SEGELKLAPPENDIASTOLEKAMMERNAORTATASCHENKLAPPENSYSTOLEVORHÖFENLUNGENARTERIE

Der Herzschlag verläuft in zwei Phasen. Während der ersten Phase, der ______________, erschlaffen die ________________ und die ______________________ öffnen sich. Das Blut strömt aus den _____________________ in die __________________.

In der zweiten Phase, der ______________, ziehen sich die ________________ zusammen. Die ____________________ schließen sich und das Blut wird in die _______________ und die ____________________ gepumpt. Am Ende der Systole schließen sich die _____________________.

8. Ordnen Sie die Abbildungen den beiden Herzphasen zu.

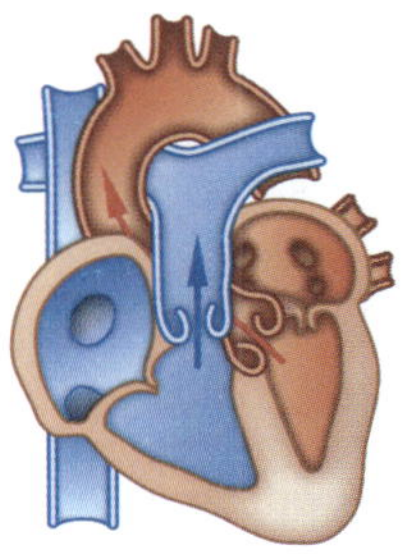

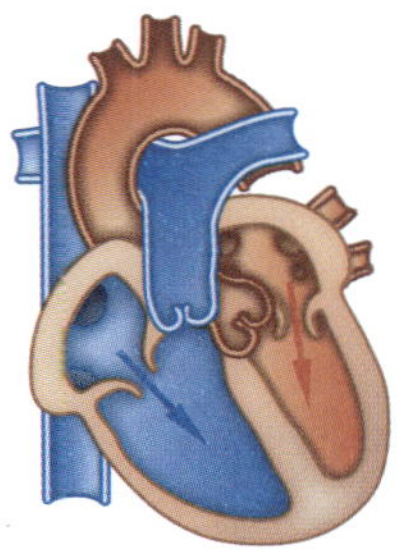

9. Beschreiben Sie den Weg eines roten Blutkörperchens durch den Kreislauf. Beginnen Sie im rechten Vorhof.

10. Was antworten Sie?

11. Ergänzen Sie die beiden Schaubilder.

Krankheiten des Herzens

Angina pectoris	
Symptome:	Symptome:
Was passiert am Herzen?	Was passiert am Herzen? plötzlicher Verschluss eines Herzkranzgefäßes

Störungen des Kreislaufs

Kollaps	
Symptome:	Symptome:
Was passiert am Herzen?	Was passiert im Kreislauf? Der Körper versucht in einer Gefahrensituation die lebenswichtigen Organe zu durchbluten. Die Randgebiete werden nicht mehr gut durchblutet.

12. Unter welcher Erkrankung leidet Frau Beier sehr wahrscheinlich? Woran können Sie dies erkennen?

Frau Beier kommt in letzter Minute zu ihrem Zahnarzttermin. Sie eilt die Treppen bis in den dritten Stock recht zügig hoch, um noch pünktlich zu kommen. Noch im Eingang zur Praxis bleibt sie stehen und fasst sich an die Brust, sie ringt nach Luft. Zum Glück geht es ihr nach einer kurzen Pause wieder besser. Sie betont, dass alles in Ordnung sei, das habe sie öfter.

___

___

___

___

4

1. Im folgenden Text sind bei einigen Wörtern die Buchstaben durcheinander geraten. Schreiben Sie die Wörter richtig in die Lücken.

Der Mensch gewinnt seine (irnEgee) ________________ überwiegend durch die (enbneVurngr) ________________ von Nährstoffen. Hierzu wird (sfeaoSrfut) ________________ benötigt.

Bei der Verbrennung entsteht (IxoidnhoKide) ________________.

Das (usegtsysAmtmn) ________________ sorgt zusammen mit dem Kreislaufsystem für die Aufnahme von Sauerstoff aus der (utfL) __________ und die Versorgung der (IneelZ) ____________.

Gleichzeitig entsorgt es das Kohlendioxid und gibt es an die Luft ab.

2. Beschriften Sie die Abbildung der Atmungsorgane.

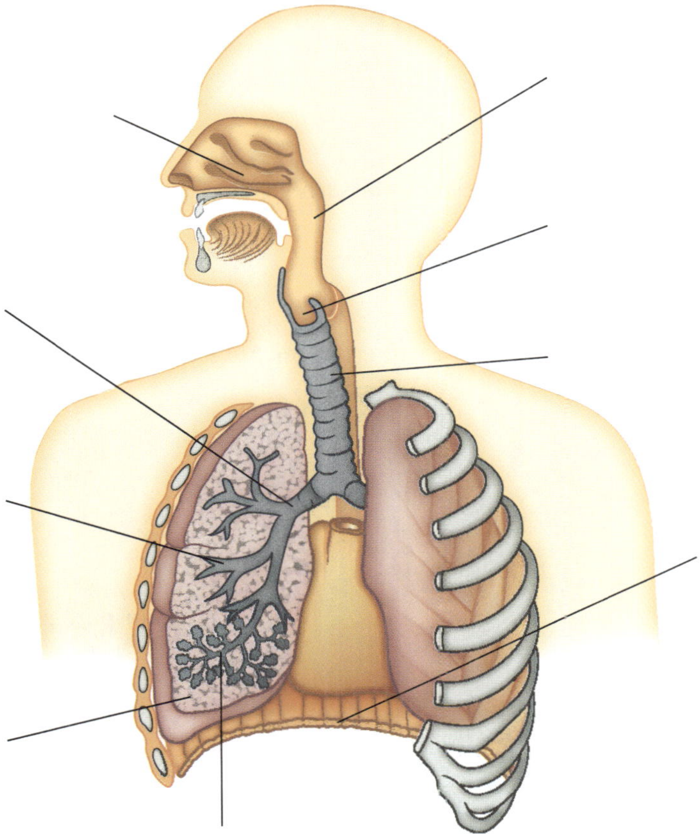

3. Welche drei Funktionen hat die Nase?

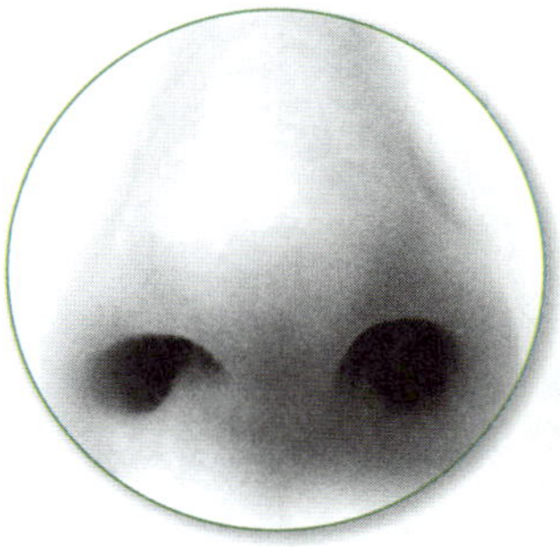

1. ________________

2. ________________

3. ________________

4. Welche Nasennebenhöhlen sind hier abgebildet? Markieren Sie jede Höhle in der Farbe des jeweiligen Kästchens.

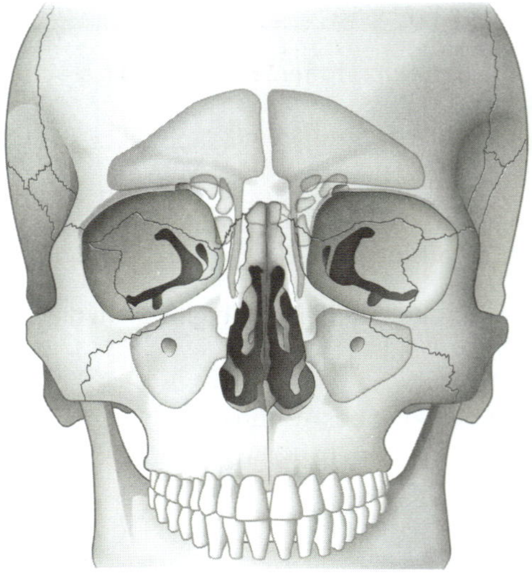

5. Warum klopft ein Arzt bei einer Untersuchung die Stirn ab?

____

6. Ordnen Sie den Organen die entsprechenden Aufgaben zu, indem Sie beides mit Strichen verbinden.

Organe	Aufgaben
Lunge	verschließt die Luftröhre
Kehlkopf	dehnt die Lunge aus
Bronchien	transportiert Luft
Luftröhre	dient dem Sauerstoffaustausch in das Blut
Nasennebenhöhlen	verteilen die Luft in der Lunge
Zwerchfell	machen den Schädel leichter

7. Welche Aussagen zum Aufbau der Atmungsorgane sind richtig?

- ○ In der Luftröhre kreuzen sich Atemwege und Nahrungsweg.
- ○ Der Kehlkopf besteht überwiegend aus Knorpel.
- ○ Die Luftröhre verläuft in der Brust hinter der Speiseröhre.
- ○ Die Luftröhre ist eine starre Röhre und deshalb ständig offen.
- ○ Bronchiolen sind kleinste Verzweigungen der Bronchien.
- ○ Die Alveolen befinden sich in der Lunge.
- ○ Um die Lungenbläschen verlaufen Muskeln.
- ○ Um die Lungenbläschen verlaufen kleinste Blutgefäße (Kapillaren).
- ○ Mit einem Zwerchfell wird der Bauchraum gewärmt.
- ○ Das Zwerchfell ist eine Muskelplatte.

8. Beschriften Sie die linke Abbildung. Versehen Sie beide Abbildungen mit einer passenden Beschreibung: Wo wird der Speiseweg dargestellt und wo der Atemweg? Was passiert jeweils mit dem Kehldeckel?

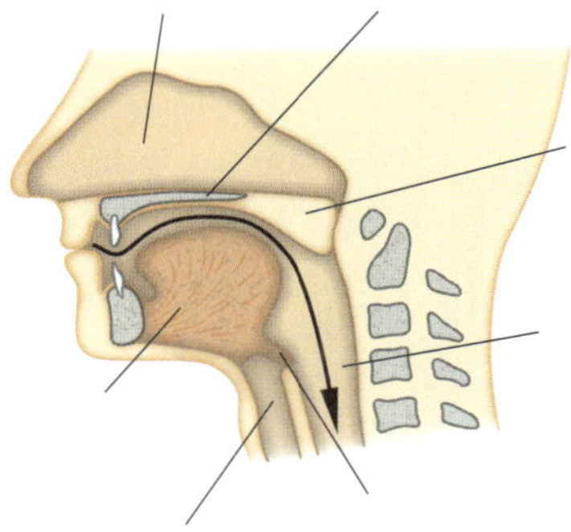

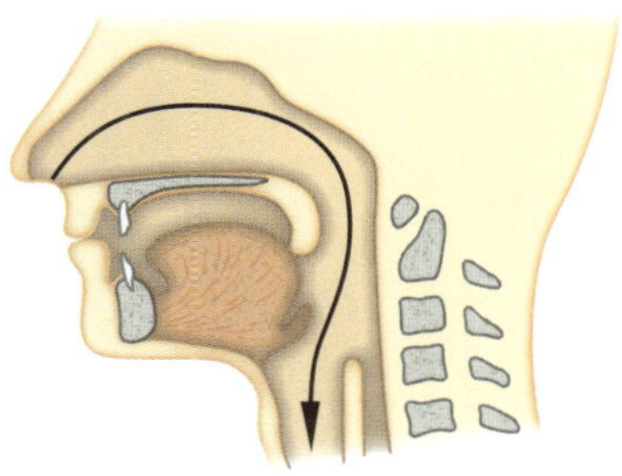

______________________________ ______________________________

______________________________ ______________________________

9. Beschriften Sie die Abbildung eines Bronchialbaumes.

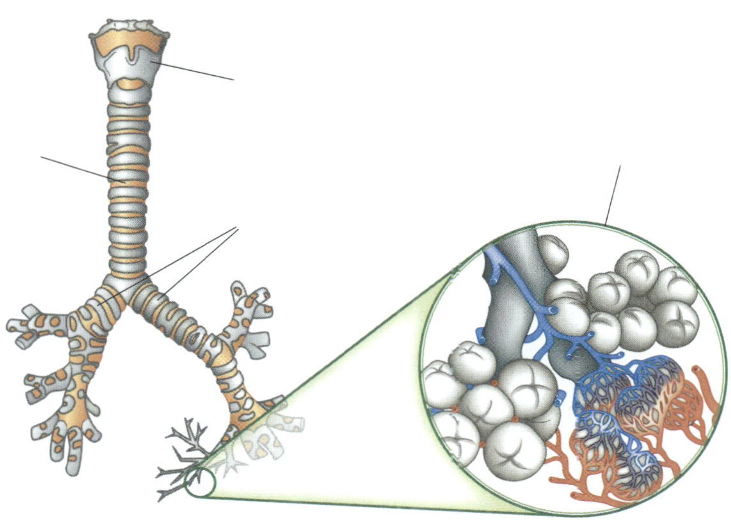

10. Was ist hier dargestellt? Beschriften Sie die Abbildungen mit den Fachbegriffen und beschreiben Sie jeweils die Vorgänge.

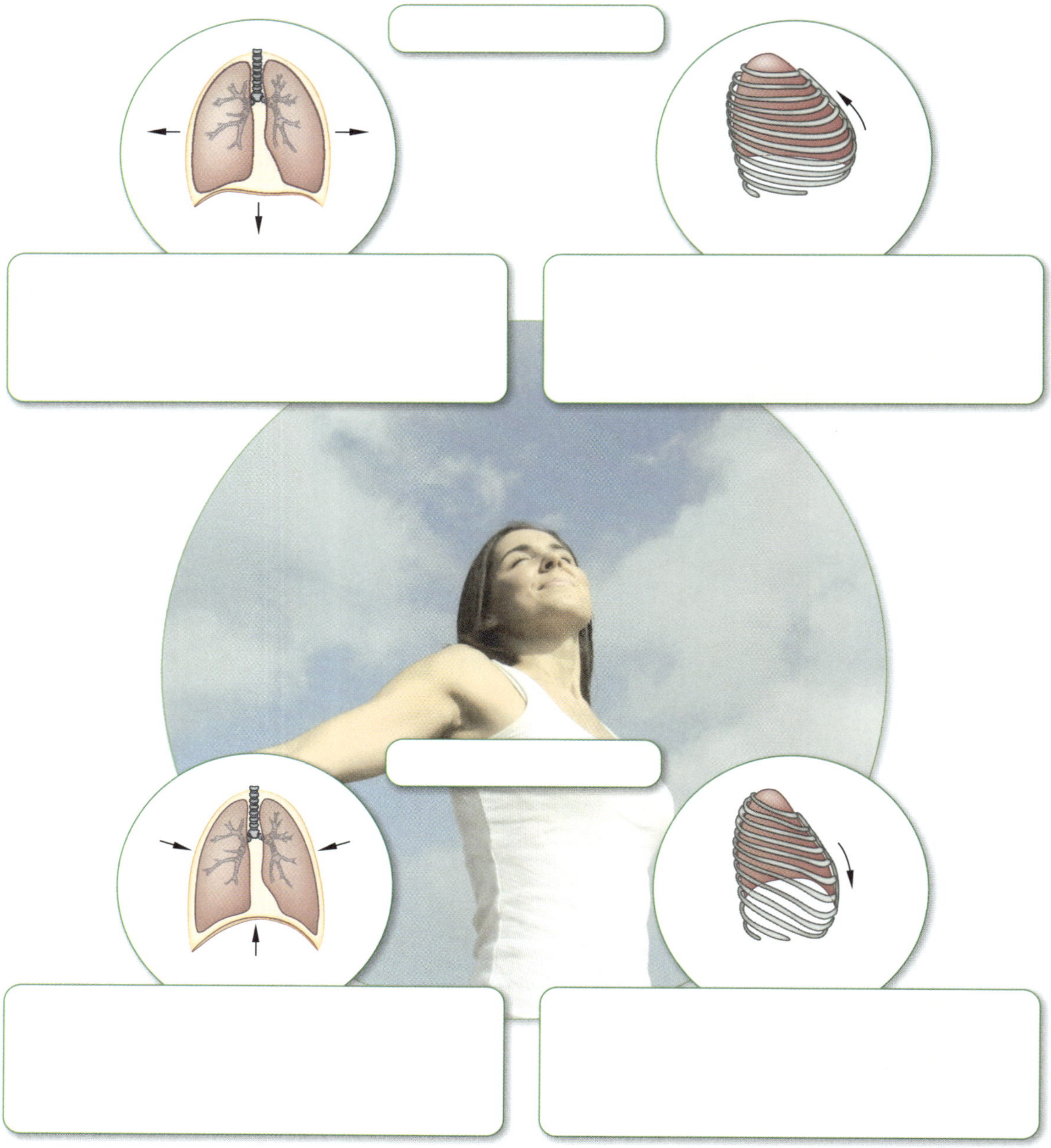

11. Welche Aussagen zur „Zellatmung“ sind richtig? Streichen Sie die falschen Aussagen durch.

In der Zelle findet ein Luftaustausch statt.

Um Sauerstoff aufzunehmen, dehnt sich die Zelle aus.

Für die Zellatmung muss Blut um die Zelle fließen.

Bei der Zellatmung handelt es sich um einen Gasaustausch zwischen Zelle und Blut.

Die Zelle benötigt den Sauerstoff zur Energiegewinnung.

Aus der Zelle werden Nährstoffe in das Blut abgegeben.

Das Prinzip der Diffusion sorgt dafür, dass sich Sauerstoffmoleküle aus dem Blut in die Zelle bewegen.

5

1. In der folgenden Geschichte läuft nicht alles gut. Unterstreichen Sie die acht enthaltenen Auffälligkeiten und nummerieren Sie diese von 1 bis 8. Schreiben Sie anschließend für jeden Punkt, wie es optimal ablaufen sollte.

Frau Jakob kommt aufgeregt in die Praxis, sie hat Zahnschmerzen. Ihr letzter Praxisbesuch ist schon lange her, aber die Karteikarte ist dank guter Ordnung schnell zur Hand und der alte Anamnesebogen ist auch da. Frau Jakob hat ganz kalte Hände. Die Auszubildende Maria denkt noch, dass Frau Jakob mal ins Sonnenstudio gehen sollte, so blass wie sie ist.
Heute ist wieder ein schrecklicher Montag. Dr. Giebel hat drei Patienten zwischen die angemeldeten geschoben und nun ist alles hektisch. Schnell soll Frau Jakob ins Zimmer 2 gesetzt werden. Dr. Giebel begrüßt Sie im Vorbeigehen, weil er dringend ans Telefon gerufen wird. Auch Maria muss noch einmal an die Anmeldung. Kaum ist Frau Jakob allein im Zimmer wird ihr ganz schwarz vor Augen, sie will aufstehen.
Einen kurzen Augenblick später kommt Maria wieder ins Behandlungszimmer und sieht Frau Jakob auf dem Boden liegen, sie blutet am Kopf. Maria ist derart erschrocken, dass sie laut um Hilfe schreiend durch die Praxis rennt und Dr. Giebel sucht. Der ist inzwischen im Zimmer 2 und bittet die ZFA Claudia um Notfallmaterialien, die sie schnell aus verschiedenen Zimmern zusammensucht.
Als Frau Jakob mit einer kleinen Platzwunde, aber sonst gut versorgt und ohne Zahnschmerzen nach Hause geht, stellen alle fest, dass es wirklich ein schrecklicher Montag ist und gehen zur Tagesordnung über.

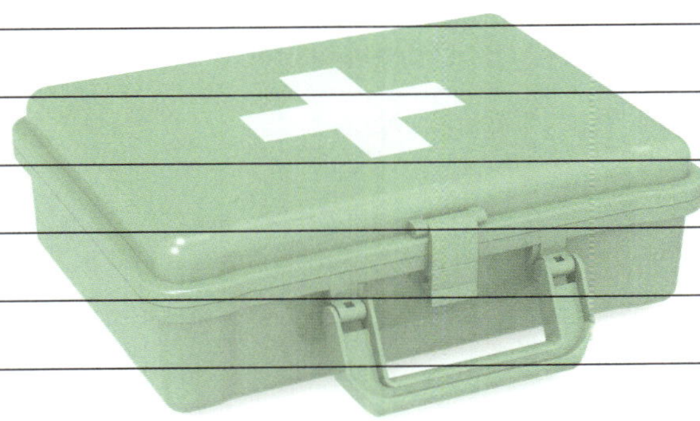

2.

a. Für die richtige Einschätzung eines Notfalles ist die Überprüfung der Vitalfunktionen notwendig. Nennen Sie die drei Vitalfunktionen.

1.

2.

3.

b. Welche lebensbedrohende Folge kann jeweils aus der gestörten Vitalfunktion entstehen? Orden Sie die Ziffern aus Aufgabe 2a zu.

- ◯ Wichtige Organe werden nicht ausreichend durchblutet.
- ◯ Es wird nicht genügend Sauerstoff aufgenommen.
- ◯ Der Schluckreflex fehlt und es kann zum Ersticken kommen.

c. Welche Reihenfolge bei der Vitalzeichenkontrolle ist richtig?

- ◯ Kreislauf – Atmung – Bewusstsein
- ◯ Kreislauf – Bewusstsein – Atmung
- ◯ Atmung – Bewusstsein – Kreislauf
- ◯ Atmung – Kreislauf – Bewusstsein
- ◯ Bewusstsein – Atmung – Kreislauf
- ◯ Bewusstsein – Kreislauf – Atmung

3. Streichen Sie die falschen / nicht notwendigen Maßnahmen zur Überprüfung der Atmung. Bringen Sie die einzelnen Schritte anschließend in die richtige Reihenfolge.

- ◯ Brustkorbbewegung sehen, Atemgeräusche hören und Luftstrom bei der Ausatmung spüren.
- ◯ Tupfer oder andere Instrumente aus dem Mund entfernen.
- ◯ Nase zuhalten und Mund öffnen.
- ◯ Kinn nach oben ziehen.
- ◯ Eigenen Kopf über die Brust des Patienten bringen.
- ◯ Hand auf die Halsschlagader legen.
- ◯ Kopf überstrecken.
- ◯ Eigenes Ohr über die Nase des Patienten halten und in Richtung Brustkorb schauen.

4. Wofür stehen die 5 W's beim Notruf?

W ______________________________

W ______________________________

W ______________________________

W ______________________________

W ______________________________

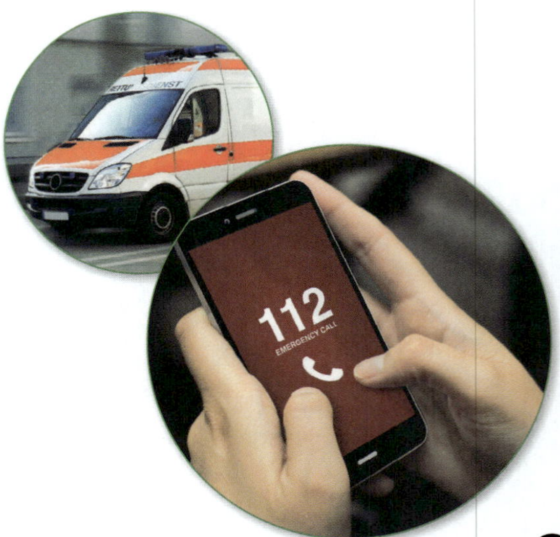

Lernfeld 7

6

1. In welcher Reihenfolge erfolgt die stabile Seitenlage? Nummerieren und beschreiben Sie die Schritte.

				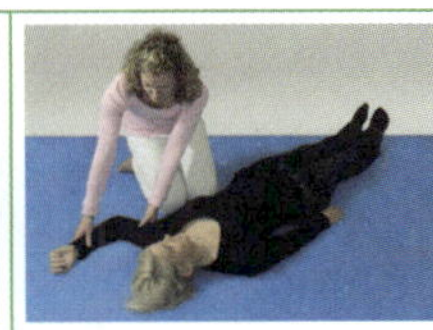

2. Bei Kreislaufproblemen kann eine andere Lagerung notwendig werden. Welche das ist erfahren Sie, indem Sie die gesuchten Begriffe eintragen.

1								U									
2					U				U								
3		I		A			E	I									
4														A			
5													A				
6											O						
7											U						
8																	
9								A									
10											I		E				
11									I								
12																	
13						A			E								
14					A	U			E		U						

1 Er ist kaum zu tasten und sehr schnell.
2 Er wird mit einem Gerät am Oberarm gemessen.
3 Sie werden als Zeichen des Lebens im Notfall überprüft.
4 Kurzzeitige Bewusstlosigkeit
5 Es wird einem ganz ... vor Augen.
6 Er ist auf der Gegenseite der Füße am Körper.
7 Dieses fließt nicht genügend durch den Kopf.
8 Die Gesichtsfarbe ist nicht rosig, sondern ...
9 Viele Patienten haben ... vor dem Zahnarztbesuch.
10 Die ... werden hochgelagert, damit der Kopf besser durchblutet wird.
11 Bereich des Kopfes über den Augen, oft in Falten.
12 Nicht selten kommt es bei Kreislaufproblemen zu einem ... mit Verletzungen.
13 Er wird auf die Stirn gelegt und sollte nass und kalt sein.
14 Viel Hektik und ... sollte vermieden werden.

3. Welche Aussagen zur Herz-Lungen-Wiederbelebung (HLW) sind richtig? Streichen Sie die vier falschen Aussagen durch und schreiben Sie die richtigen Aussagen in das freie Feld.

- ○ 1. Die Herz-Lungen-Wiederbelebung wird immer bei Bewusstlosen durchgeführt.
- ○ 2. Vor Beginn der HLW muss der Notruf abgesetzt werden.
- ○ 3. Man beginnt mit der Herzdruckmassage.
- ○ 4. Es werden erst 2 Druckmassagen und dann 30 Beatmungen durchgeführt.
- ○ 5. Es sollen 100 Druckmassagen pro Minute durchgeführt werden.
- ○ 6. Es wird etwas links von der Mitte auf dem Brustkorb ca. 4 bis 5 cm tief gedrückt.
- ○ 7. Die HLW wird spätestens nach 10 Minuten beendet, weil dann ein Erfolg nicht mehr gegeben ist.
- ○ 8. Die HLW kann sowohl von einer Person als auch von zwei Helfern durchgeführt werden.
- ○ 9. Der Patient muss auf dem Rücken auf einer harten Unterlage liegen.
- ○ 10. Mit durchgestreckten Armen wird der Brustkorb gedrückt.

4. Beim Auffinden einer hilflosen Person sollten Sie immer nach demselben Schema vorgehen. Ergänzen Sie die freien Felder.

Auffinden einer hilflosen Person

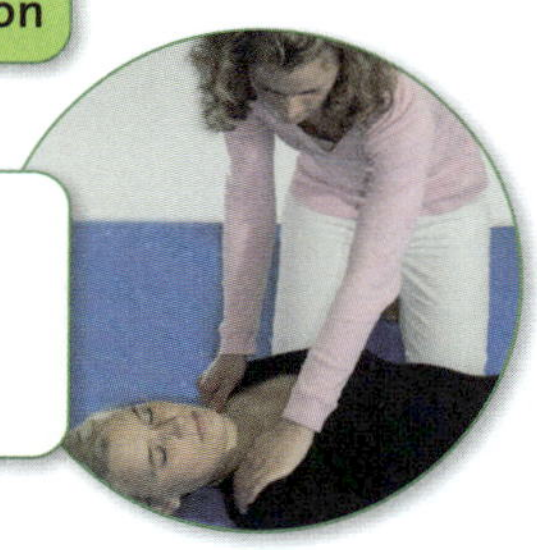

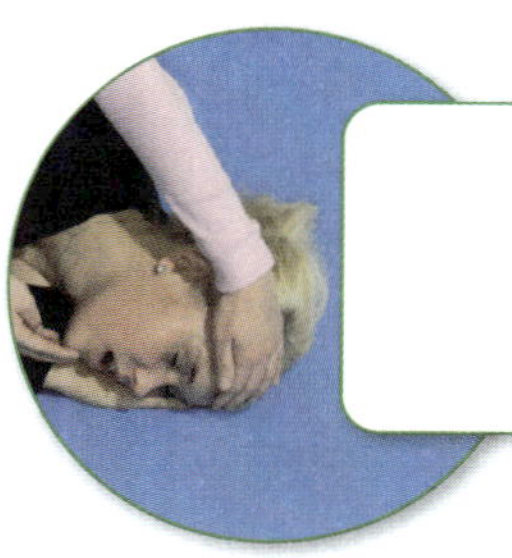

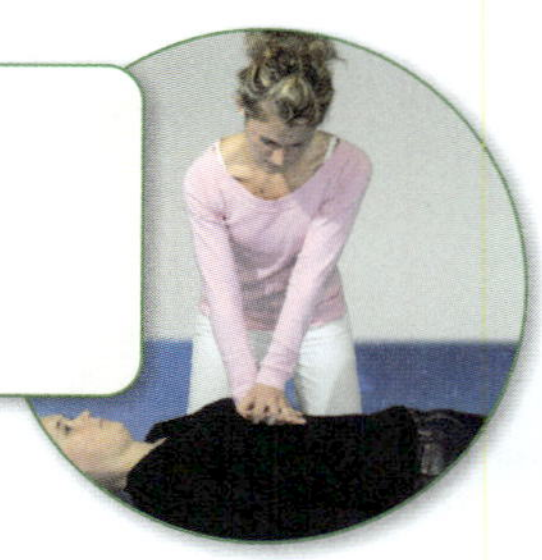

5.

a. Wie heißen die folgenden drei atembedingten Notfälle?

A Der Patient hat einen Fremdkörper eingeatmet:

H Der Patient hat eine sehr schnelle Atmung und verspürt dann ein Kribbeln in den Fingern:

AB Der Patient hat einen plötzlichen Anfall von Atemnot mit einem pfeifenden Atemgeräusch beim Ausatmen:

b. Ordnen Sie den drei genannten atembedingten Notfällen die passenden Maßnahmen zu, indem Sie die Buchstaben aus den obigen Kreisen einsetzen.

- Für Frischluft und Ruhe sorgen.
- In eine Plastiktüte atmen lassen.
- Zum langsamen Ein- und Ausatmen auffordern.

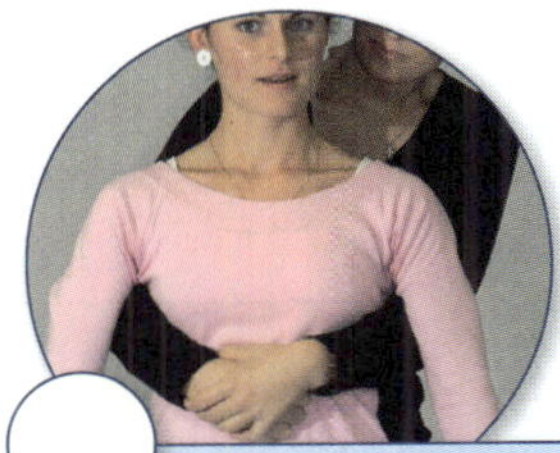

- Heimlich-Griff anwenden.
- Patienten ggf. beim Einnehmen von Medikament helfen.
- Oberkörper aufrichten.
- Bis zu 5-mal kräftig mit der flachen Hand zwischen die Schulterblätter schlagen.

6. Diese Schockarten haben unterschiedliche Ursachen. Welche sind das?

- Volumenmangelschock ←
- anaphylaktischer Schock ←
- kardiogener Schock ←

7. Wie reagieren Sie beim Herzinfarkt eines Patienten?

1.

2.

3.

8. Welche der folgenden Maßnahmen führen Sie nicht bei einem Krampfanfall durch? Streichen Sie diese Maßnahmen durch.

Sofort den Notarzt rufen.
Patienten möglichst auf den Boden legen.
Patienten festhalten.
Alle Gegenstände aus der Reichweite des Patienten entfernen.
Einen Beißkeil oder ein Portemonnaie zwischen die Zähne drücken.
Den Kopf möglichst abpolstern.
Patienten durch Schütteln wach halten.
Wenn möglich die Dauer des Anfalls festhalten.
Nach dem Anfall den Patienten ruhen lassen.
Patienten auskrampfen lassen.
Nach dem Anfall die Vitalzeichen kontrollieren.

9. Hier wird eine Stoffwechselstörung beschrieben.

a. Die Erklärungen sind durcheinander geschüttelt, ordnen Sie bitte die Wörter zu sinnvollen Sätzen.

Behandlung können der unterzuckern Diabetiker während

zunehmend Sie kaltschweißig dann werden zitterig wirken und abwesender

Ist wird ihm der Patient gegeben Zucker ansprechbar

b. Um welche Stoffwechselentgleisung handelt es sich? ______________________

10. Welche Symptome können bei einem Schlaganfall auftreten? Streichen Sie alle nicht passenden Symptome.

Bauch-krämpfe | Juckreiz | Armlähmung | Enge in der Brust | halbseitige Symptome | verwaschene Sprache | Sehstörung

7

1.

a. Im Rätselfeld sind 13 Begriffe zum Thema Atmung versteckt. Suchen Sie diese heraus.

F	Y	B	B	U	J	M	D	D	L	E	B	S	N	O	F	M	T	R	T	K	X	T	C	Q
S	A	L	K	H	Z	U	S	K	U	T	H	J	L	Y	D	Q	J	A	C	E	C	L	Y	O
M	Z	F	J	K	H	N	D	N	F	Z	O	X	R	L	S	B	T	C	S	M	E	F	I	U
B	N	T	U	I	Z	U	R	X	T	W	K	D	Y	U	S	K	A	H	E	E	G	K	C	H
Q	W	M	E	L	X	J	I	U	R	F	L	G	W	P	J	K	W	E	P	Y	A	I	W	G
G	E	J	A	U	T	V	H	S	O	K	V	T	L	C	K	I	S	N	I	U	S	P	Y	G
Y	C	Z	Q	F	P	X	O	G	E	W	B	L	T	G	J	K	N	H	P	F	A	X	C	Q
X	G	Y	W	T	L	M	U	V	H	J	F	I	K	D	Q	C	E	S	N	D	U	Z	M	A
L	H	T	X	T	V	E	C	A	R	D	J	E	Z	W	P	S	D	G	A	T	S	U	U	I
L	O	U	O	R	F	F	J	O	E	I	N	L	O	B	O	F	Z	C	N	Q	T	V	K	U
Z	G	E	S	A	A	I	S	C	B	R	O	N	C	H	I	E	N	W	A	O	A	K	O	I
H	A	I	J	N	K	V	K	S	R	K	Y	Q	N	F	P	T	L	Y	S	G	U	R	X	H
J	T	H	Z	S	T	A	M	M	B	R	O	N	C	H	I	E	N	C	E	V	S	P	G	N
U	E	C	O	P	K	B	L	S	M	K	Y	Z	Z	P	N	P	C	M	N	L	C	A	D	K
O	M	U	B	O	K	B	I	P	N	P	I	W	X	U	O	L	T	U	N	B	H	G	T	Y
I	M	U	B	R	O	N	C	H	I	O	L	E	N	A	U	M	F	K	E	T	X	Y	Q	A
R	U	A	Y	T	B	H	P	V	B	B	O	R	I	K	N	T	L	O	B	L	B	K	O	T
P	S	U	K	D	U	S	K	T	E	U	S	C	B	G	Y	V	F	X	E	Q	G	Y	G	G
S	K	U	T	K	I	V	E	X	F	J	D	H	O	J	F	P	Q	G	N	G	B	Q	V	Q
L	U	M	Z	X	U	J	H	O	R	A	D	F	Q	X	I	D	L	D	H	J	K	T	L	S
N	L	H	C	Y	Z	A	L	V	E	O	L	E	N	H	Q	H	W	T	O	U	E	H	B	M
L	A	A	I	D	I	T	K	Z	V	O	G	L	P	E	D	N	A	S	E	T	S	R	T	G
O	T	O	H	K	J	Z	O	P	M	A	Z	L	J	D	R	D	F	O	H	C	Q	S	L	K
I	U	F	B	X	B	L	P	T	V	F	H	M	W	V	K	M	J	G	L	U	O	N	Q	C
S	R	B	H	Y	I	Q	F	J	I	F	J	F	L	Q	G	R	P	V	E	C	B	D	G	K

b. Bringen Sie die gefundenen Begriffe in eine sinnvolle Reihenfolge und Anordnung.

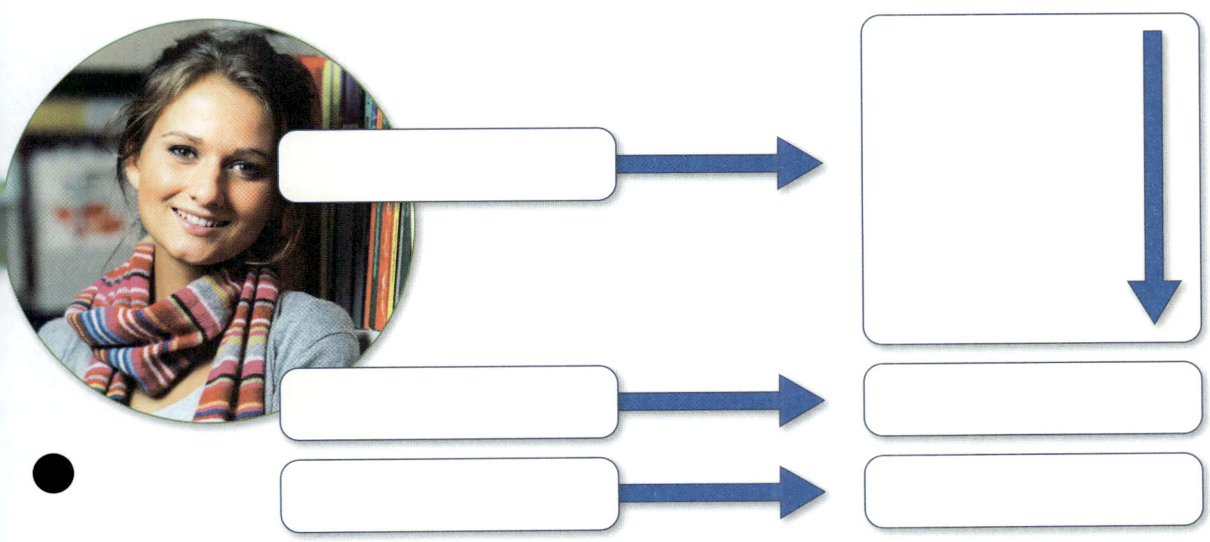

Lernfeld 7

2. Welche Fachbegriffe werden hier gesucht?
Jeder Buchstabe ist eine Zahl, gleicher Buchstabe = gleiche Zahl.

1.	E	R	Y	T	H	R	O	Z	Y	T	E	N								
	13	26	7	2	16	26	23	8	7	2	13	22								
	rote Blutkörperchen																			
2.																				
	15	26	9	22	3	20	23	8	7	2	13	22								
	weiße Blutkörperchen																			
3.																				
	10	20	3	2	24	20	9	1	21	9										
	Blutflüssigkeit																			
4.																				
	4	9	1	23	19	23	22	1	2	26	17	19	2	17	23	22				
	Gefäßverengung (Zusammenziehen eines Blutgefäßes)																			
5.																				
	2	16	26	23	21	10	3	1												
	Blutpfropf																			
6.																				
	2	16	26	23	21	10	17	22												
	ein Gerinnungsfaktor																			
7.																				
	9	22	2	17	15	13	22													
	Bezeichnung für Krankheitserreger im Rahmen des Immunsystems																			
8.																				
	9	26	2	13	26	17	13													
	vom Herzen wegführendes Blutgefäß																			
9.																				
	4	13	22	13																
	zum Herzen hinführendes Blutgefäß																			
10.																				
	9	23	26	2	9															
	Körperschlagader																			
11.																				
	19	23	26	23	22	9	26	9	26	2	13	26	17	13	22					
	sie versorgen das Herz mit sauerstoffreichem Blut																			
12.																				
	12	17	9	1	2	23	20	13												
	Erschlaffungsphase des Herzens während des Herzschlages																			
13.																				
	9	22	15	17	22	9		24	13	19	2	23	26	17	1					
	Brustenge																			
14.																				
	9	1	24	17	26	9	2	17	23	22										
	Einatmen von Fremdkörpern																			
15.																				
	13	24	17	20	13	24	1	17	13											
	Krampfanfallsleiden																			
16.																				
	16	7	24	13	26	4	13	22	2	17	20	9	2	17	23	22				
	übermäßige Steigerung der Atmung																			

1

1. Beschriften Sie die Abbildung vom Zahnhalteapparat mit den deutschen Begriffen und Fachbegriffen.

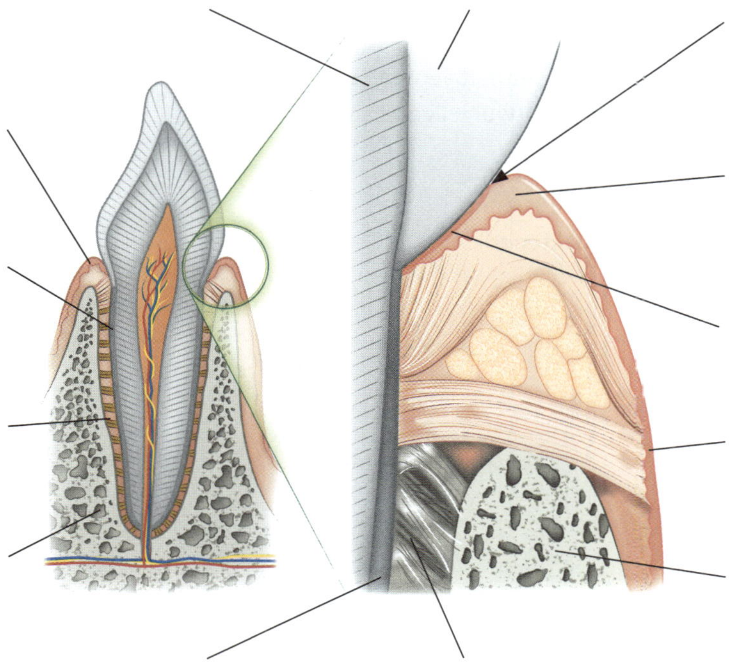

2. Setzen Sie im Text über die Gingiva die vorgegebenen Wörter an der richtigen Stelle ein.

Zahnhalteapparat | freie Gingiva | Mundhöhle | Saumepithels | gestippelt | Zahnhals | Interdentalpapille | befestigt | Gingiva propria | marginale Gingiva | Sulcus | blassrosa

Die Gingiva gehört zum ______________________________.

Sie reicht von der Mukogingivallinie bis zum ______________________________.

Die Farbe einer gesunden Gingiva ist ______________________________.

Ihre Oberfläche ist wie eine „Orangenhaut“ ______________________________.

Die attached Gingiva ist am Knochen ______________________________

Man nennt sie auch ______________________________.

Die attached Gingiva geht über in die ______________________________.

Der Fachausdruck für die freie Gingiva ist ______________________________.

Die marginale Gingiva ist 1,5mm bis 2,5 mm breit. Sie haftet am Zahnhals mithilfe des

______________________________.

Zwischen Gingiva und Zahnhals ist eine ca. 1mm breite Furche. Diese Vertiefung nennt man

______________________________.

Der dreieckige Bereich zwischen den Zähnen heißt ______________________________.

Die Gingiva verschließt den Zahnhalteapparat und schützt ihn so vor äußeren Einflüssen (z.B. Bakterien) aus der ______________________________.

3. Ordnen Sie den Bestandteilen des Zahnhalteapparates ihre entsprechende Lage und die Aufgaben zu, indem Sie die zusammengehörenden Kästchen in der gleichen Farbe markieren.

Zahnfleisch (Gingiva)

enthält Septen bei mehrwurzeligen Zähnen

verankert die Fasern des Zahnhalteapparates

schützt gegen äußere Einflüsse aus der Mundhöhle (z. B. Bakterien)

Wurzelhaut (Desmodont)

verankert den Zahn durch die Sharpey'schen Fasern in der Alveole

bedeckt das Dentin im Wurzelbereich

knöchernes Zahnfach (Alveole)

Wurzelzement (Cementum)

befindet sich im Alveolarfortsatz des Unter- und Oberkiefers

Faserbündel ziehen vom Wurzelzement zum Alveolarknochen; enthält Nervenfasern, Blut- und Lymphgefäße

dehnt sich von der Mukogingivalgrenze zum Zahnhals

Lernfeld 8

4. Welche Aussagen zur Wurzelhaut (Desmodont) sind richtig, welche sind falsch? Kreuzen Sie entsprechend an.

	richtig	falsch
Die Wurzelhaut gehört zur Mundschleimhaut und bedeckt die Zahnwurzeln.		
Die Faserbündel der Wurzelhaut werden als Sharpey'sche Fasern bezeichnet.		
Die Sharpey'schen Fasern ziehen von der Gingiva zum Alveolarknochen.		
Die Sharpey'schen Fasern halten den Zahn in seiner Alveole.		
Übermäßige Druckbelastung des Zahnes führt zum Aufbau von Alveolarknochen als Schutzmaßnahme des Körpers.		
Im Desmodont befinden sich Nervenfasern, Blut- und Lymphgefäße.		
Die Nervenfasern erfassen über Rezeptoren Druck und Berührung des Zahnes und leiten sie an das zentrale Nervensystem.		
Beißt man auf einen harten Gegenstand, entsteht ein Reflexbogen. Dieser sorgt dafür, dass man fester zubeißt.		
Die normale Kaudruckbelastung wird in eine Zugbelastung umgewandelt, dies dient dem Schutz des Knochens.		

2

1. Erläutern Sie bitte, was man unter apikalen Parodontitiden versteht.

2.

a. Entzündungen an der Wurzelspitze können die verschiedensten Erkrankungen zur Folge haben. Schreiben Sie die entsprechenden Formen der fortgeleiteten apikalen Parodontitiden in die freien Felder.

b. Kennzeichnen Sie die akut verlaufenden Erkrankungen in gelb und die mit chronischem Verlauf in rot.

Verbindet z. B. eine Entzündung an einer Zahnwurzel mit der Mundhöhle.	
Entzündung des Knochens	
Entzündung des Knochenmarks	
Durch Entzündung entstandenes, abgekapseltes, gefäßreiches Bindewebe an der Wurzelspitze.	
Knochenhautentzündung	
Krankhafter Hohlraum, bestehend aus einem geschlossenen, bindegewebigen Balg, der mit Epithelgewebe ausgekleidet ist und Flüssigkeit oder breiige Massen enthält.	
Abgekapselte Eiteransammlung in einer nicht vorgeformten Höhle.	
Eitrige, sich ohne klare Abgrenzung ausbreitende Infektion der Weichteile.	

3.

a. Wo befindet sich der Abszess? Schreiben Sie die deutschen Erklärungen hinter die Fachbegriffe.

- subperiostaler Abszess →
- submuköser Abszess →
- parodontaler Abzsess →

b. Um welche Abszessarten handelt es sich?

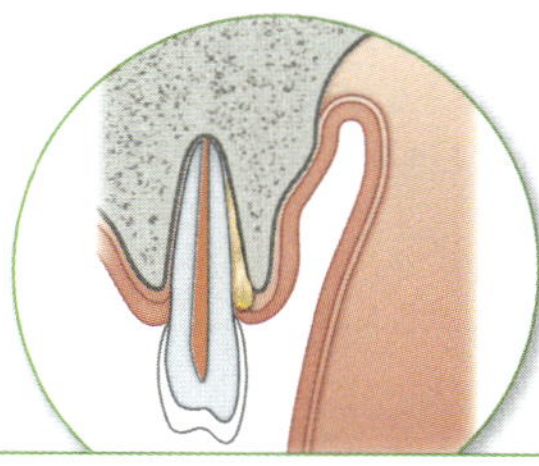

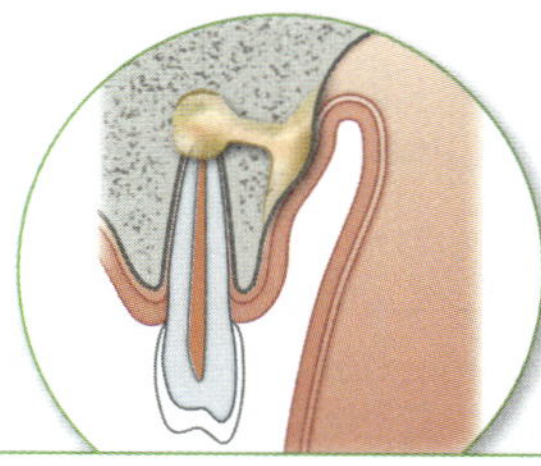

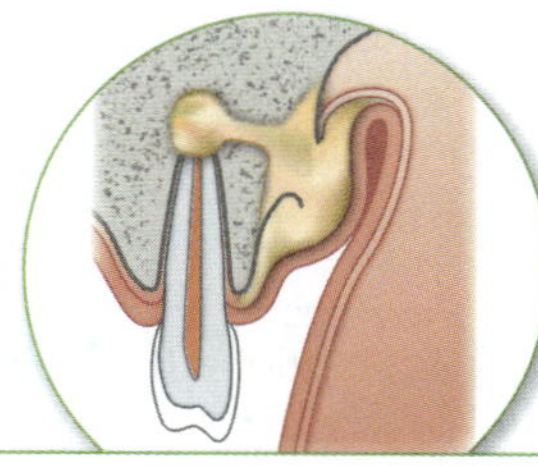

c. Abszesse können akut oder chronisch verlaufen. Welche der folgenden Aussagen gehören zum akuten und welche zum chronischen Abszess? Kreuzen Sie die entsprechende Abszessform an.

Beschreibung	akuter	chronischer
	Abszess	
bildet sich innerhalb weniger Stunden		
verläuft oft ohne Schmerzen und unauffällig		
entsteht meist aus apikaler oder parodontaler Entzündung		
ist sehr schmerzhaft		
hat sich langsam entwickelt		

4. Wie heißen die beiden Zystenarten, die beschrieben werden? Schreiben Sie den Namen auf die Linie.

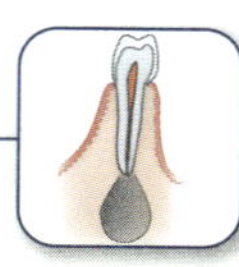

____

Entsteht durch einen entzündlichen Prozess an der Wurzelspitze.

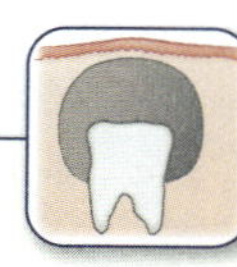

____

Geht von einem verlagerten Zahn aus, Zellen stammen aus dem Schmelzbildungsepithel eines Zahnkeims.

3

1. Ordnen Sie den abgebildeten Alveolen des linken Ober- und Unterkiefers die Extraktions-zangen zu, die an der jeweiligen Stelle eingesetzt wurden. Ergänzen Sie außerdem die Tabelle (Zahnbezeichnung und Anzahl der Wurzeln). Die Abbildungen der Zangen finden Sie zum Ausschneiden auf Seite 111.

	Bezeichnung der Zähne	Anzahl der Wurzeln	Abbildung und Bezeichnung der Extraktionszange
Oberkiefer 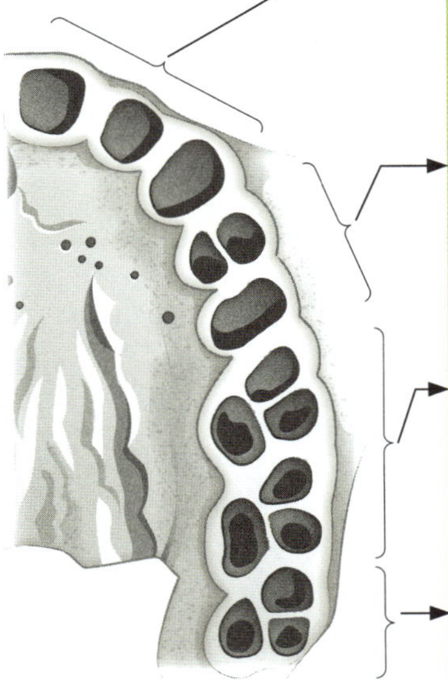			
Unterkiefer 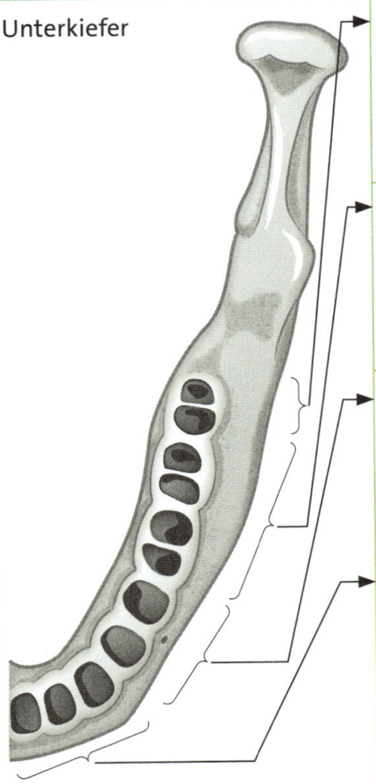			

Lernfeld 8

2. Beschriften Sie die Abbildung einer Extraktionzange.

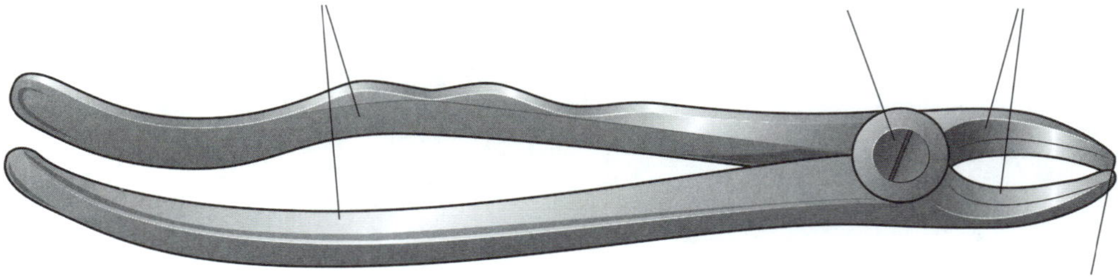

3. Welche Aufgaben haben die abgebildeten Zangen?

Abbildung	Aufgabe der Zange
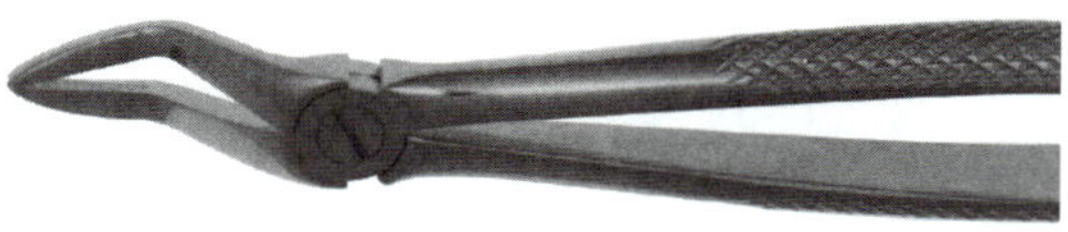	

4. Schreiben Sie die Namen der unterschiedlichen Hebel unter die Abbildungen.

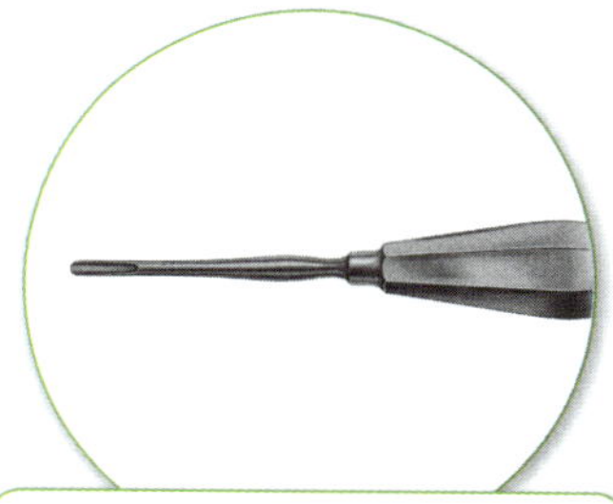

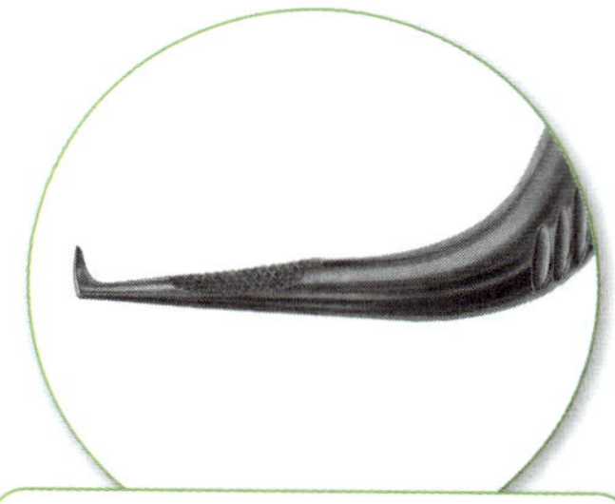

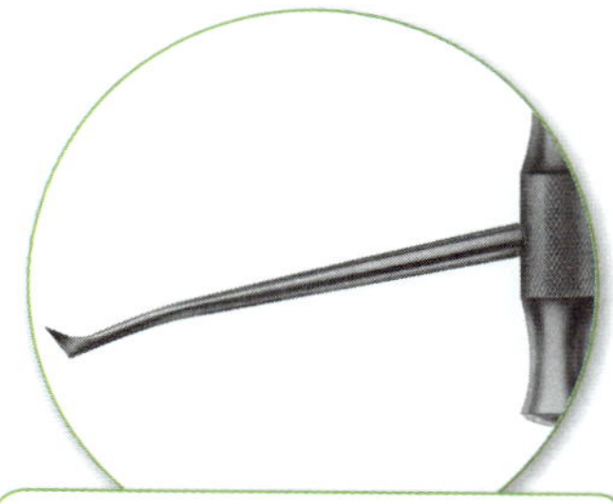

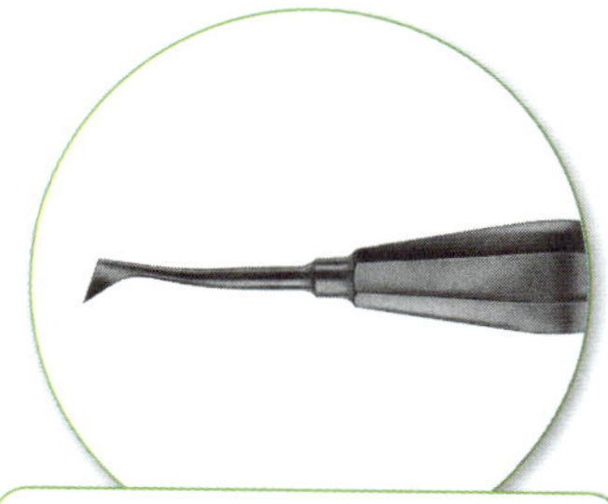

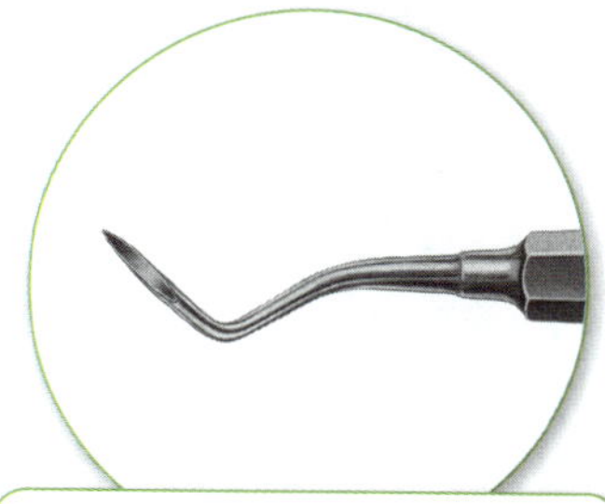

5. Erklären Sie die Bedeutung des Merksatzes „Zacke zur Backe".

6. Ergänzen Sie die Mindmap zu den chirurgischen Instrumenten.

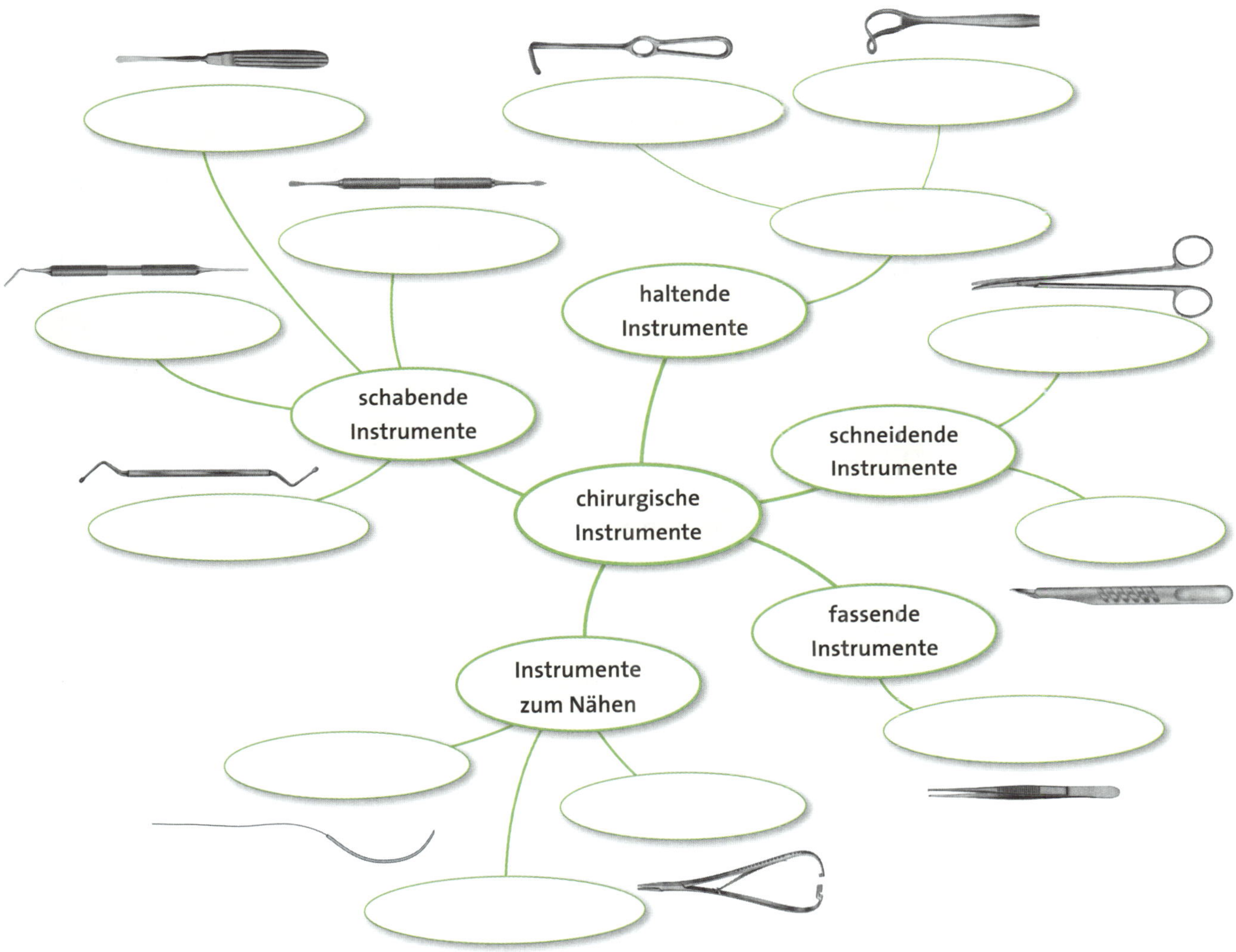

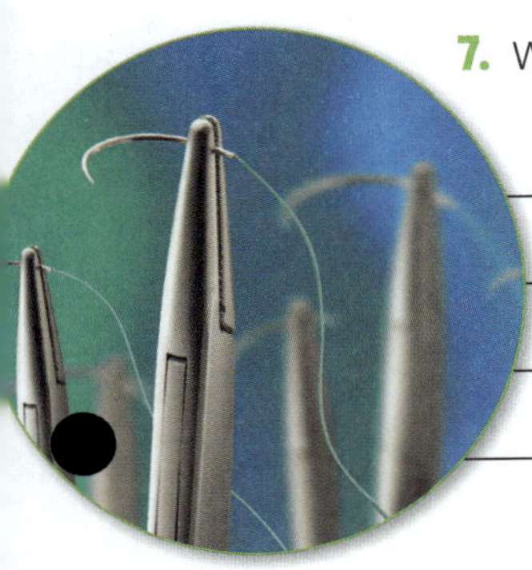

7. Welcher Unterschied besteht zwischen traumatischen und atraumatischen Nadeln?

8. Markieren Sie die verschiedenen Pinzetten sowie deren Bezeichnungen und Aufgaben mit jeweils der gleichen Farbe.

anatomische Pinzette

Anreichen von Material

Fassen von Wundrändern

chirurgische Pinzette

schonendes Festhalten von Gewebe und Material

zahnärztliche Pinzette

9. Wie heißen die abgebildeten Instrumente und Geräte? Welche Aufgabe haben sie?

Abbildung	Bezeichnung	Aufgabe
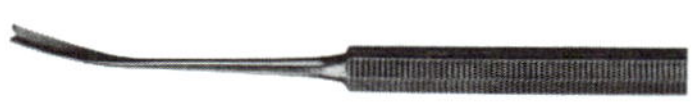		

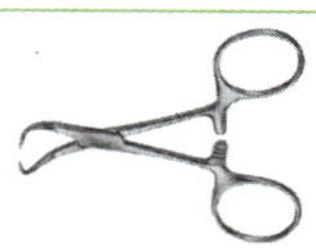	Tuchklemme	
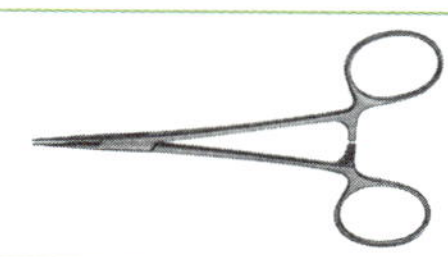		

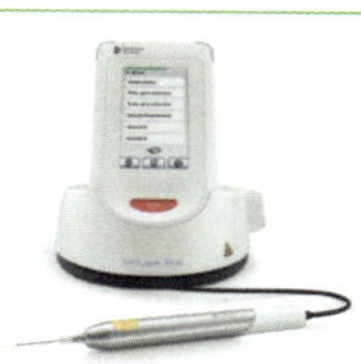		

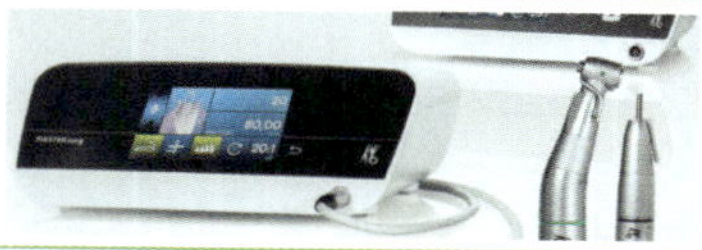	Chirurgiemotor	

4

1.

a. Ordnen Sie die verschiedenen begleitenden Maßnahmen zu, die vor und während eines chirurgischen Eingriffes durchgeführt werden. Tragen Sie die Begriffe in die Kästchen unter den entsprechenden Erklärungen ein.

sterile Kleidung anlegen, Aufklärung, Einverständniserklärung, Patientenbeobachtung, Dokumentationspflicht, allgemeine Anamnese, Vorbereitung des Patienten, desinfizierende Mundspüllösung, chirurgische Händedesinfektion, sterile Kleidung anlegen, Endokarditisprophylaxe

b. Markieren Sie die Maßnahmen in unterschiedlichen Farben: die von der ZFA durchgeführten in gelb, die vom Zahnarzt durchgeführten in blau, die von beiden durchgeführten in grün.

Der Patient sollte zur Verminderung der oralen Keimflora mit einem oralen Antiseptikum spülen.

____

Der Patient muss richtig gelagert und mit sterilen Tüchern abgedeckt werden. Wichtig ist es, den Patienten zu beruhigen.

____

Die Übertragung von Krankheitserregern soll verhindert werden.

____

Insbesondere ist auf Hautfarbe und Schmerzsignale zu achten. Eine blasse Hautfarbe kann auf einen Blutdruckabfall deuten.

____

Die medizinische Vorgeschichte eines Patienten wird abgefragt, da bestimmte Erkrankungen Maßnahmen vor operativen Eingriffen erfordern, z. B. Blutgerinnungsstörungen oder die Einnahme blutverdünnender Medikamente.

____

Der Patient muss über Diagnose, Therapie, Risiken, Behandlungsalternativen, Behandlungskosten und Behandlungsablauf informiert werden.

____

Das Infektionsrisiko soll verringert werden. Grundsätzlich sollen keimfreie Kleidung, Mundschutz, keimfreie Handschuhe und eine Schutzbrille getragen werden.

____

Nach der Aufklärung muss der Patient unterschreiben, dass er informiert wurde und mit dem chirurgischen Eingriff einverstanden ist. Bei Minderjährigen müssen die Erziehungsberechtigten unterschreiben.

____

Patienten mit fehlerhaften oder künstlichen Herzklappen sollten ein Antibiotikum prophylaktisch vor und nach dem Eingriff einnehmen, um eine Entzündung der Herzinnenwand zu verhindern.

____

Verwendete Materialien müssen schriftlich festgehalten werden, z. B. die Chargennummer bei Implantaten, um sie zurückverfolgen zu können.

____

2. Bringen Sie die Schritte beim Anziehen steriler Handschuhe in die richtige Reihenfolge (Ziffern 1–6 bei Texten und Bildern eintragen).

Innere Verpackung auseinanderfalten und auseinanderziehen, sodass die Handschuhe offen daliegen. Mit den Fingern das umgestülpte Ende des 1. Handschuhs fassen.

Mit behandschuhten Fingern von oben unter die Stulpe des 2. Handschuhs greifen und ihn hochheben.

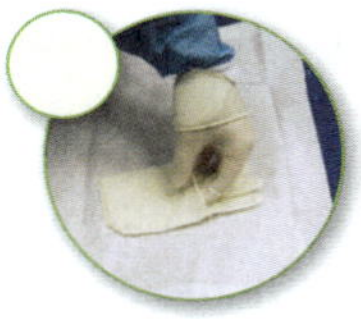

Umgeschlagene Krempen hochziehen und den Sitz der Handschuhe korrigieren.

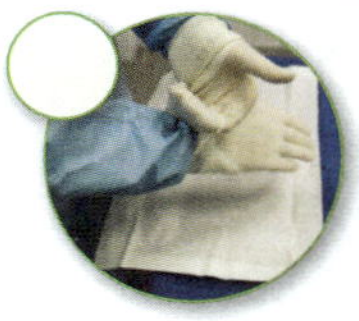

Mit der freien Hand in den 2. Handschuh gleiten.

Mit der anderen Hand in den 1. Handschuh hineingleiten, Handfläche nach oben. Handschuh möglichst weit nach oben ziehen. Krempe bleibt noch umgeklappt. Noch nicht korrigieren.

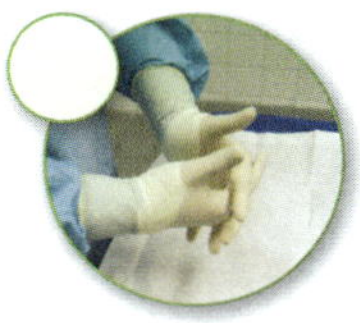

Äußere Verpackung öffnen, innere Papierverpackung mit gewaschenen und desinfizierten Händen entnehmen.

3. Nach einem chirurgischen Eingriff übergeben Sie der Patientin einen Bogen mit den Verhaltensregeln nach operativen Eingriffen. Die Patientin möchte den Grund für diese Regeln wissen. Wie erklären Sie ihr die Verhaltensregeln?

Verhaltensregeln nach einem operativen Eingriff

1. Nicht am Straßenverkehr teilnehmen.
2. Nichts essen und nichts trinken.
3. Ein bis zwei Stunden auf den eingelegten Tupfer beißen.
4. Feuchte, kalte Umschläge durchführen.
5. In den nächsten Tagen weiche und nicht zu heiße Kost zu sich nehmen.
6. Auf Alkohol und Rauchen verzichten.
7. Körperliche Anstrengung vermeiden.
8. Das Operationsgebiet beim Zähneputzen aussparen und nicht zu heftig spülen.

Erklärungen

5

1. „Der Zahn muss raus!“

In dieser Aufgabe sind schon einige Gründe für die Extraktion eines Zahnes genannt. Schreiben Sie die noch fehlenden Gründe in die freien Felder.

- Zähne mit wiederkehrenden Wurzelentzündungen, die nicht therapiert werden können
-
- Aus kieferorthopädischer Sicht aus Platzmangel
-
- Zahnüberzahl
-
-
- Bei Kieferfrakturen: Zähne, die im Bruchspalt liegen

2. Bringen Sie die Behandlungsschritte bei einer Zahnextraktion in die richtige Reihenfolge (Ziffern von 1–6 einsetzen).

( ) Ablösen des Zahnfleisches mit Raspatorium oder Hebel.

( ) Entfernen des Zahnes aus der Alveole mit der entsprechenden Zange und einer rotierenden Bewegung.

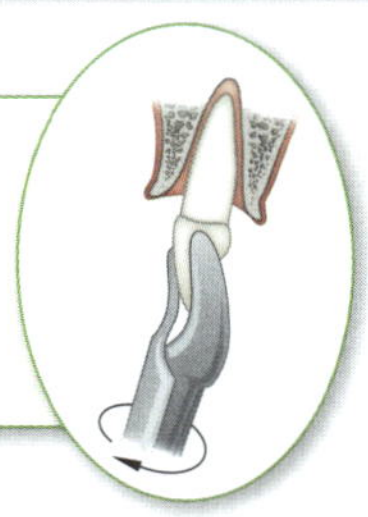

( ) Anästhesie

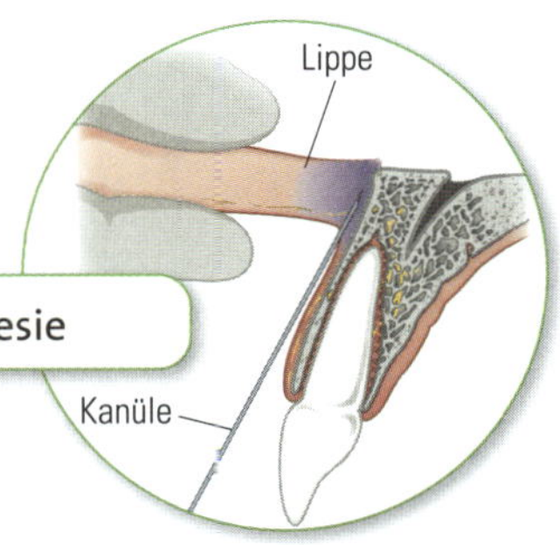

( ) Komprimieren der Extraktionswunde mit einem Aufbisstupfer.

( ) Auskratzen der Alveole mit scharfem Löffel.

( ) Luxation: Herauslösen des Zahnes aus der Alveole mit Hebel oder Zange; die Sharpey'schen Fasern zerreißen.

3. Finden Sie für die bei der Osteotomie eingesetzten Instrumente die richtigen Behandlungsschritte. Bringen Sie dann die Behandlungsschritte in die richtige Reihenfolge (Ziffern 1–6 in die entsprechenden Kreise eintragen).

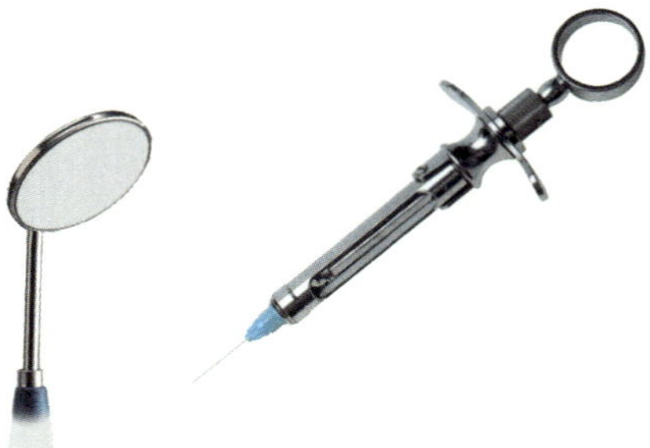

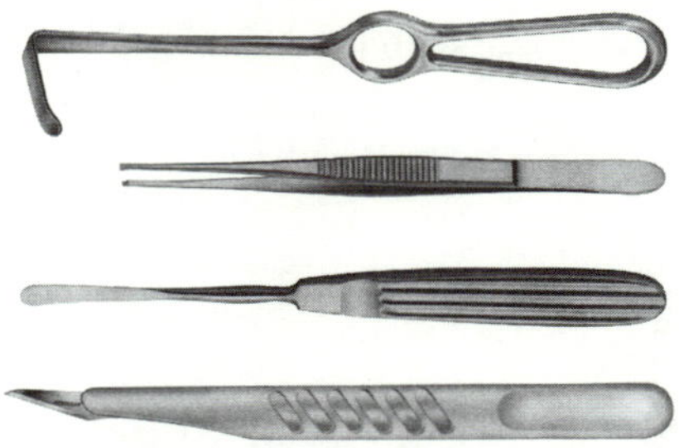

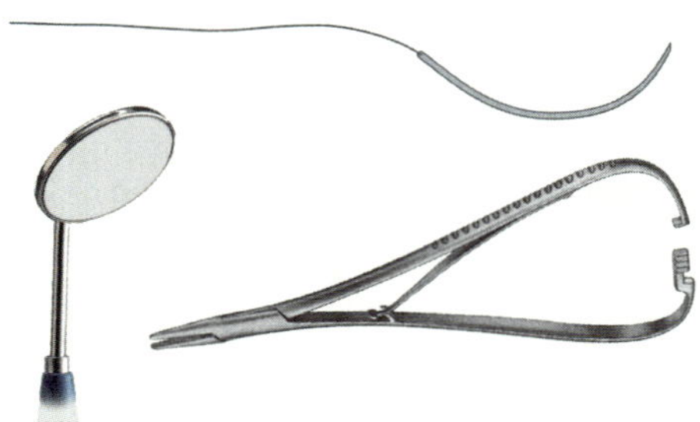

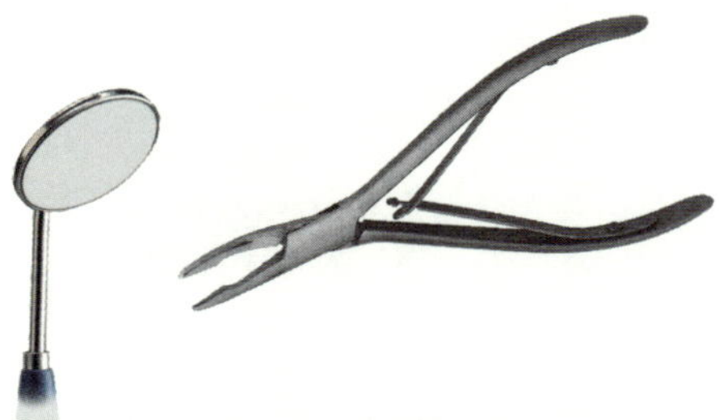

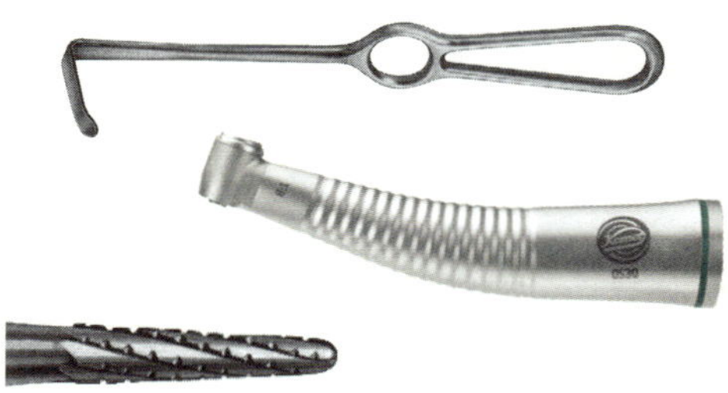

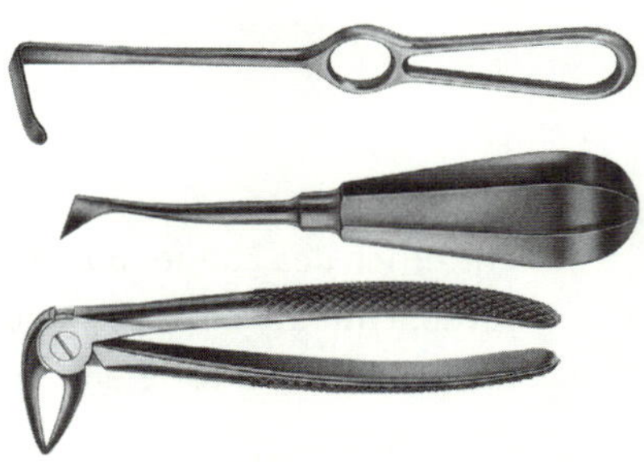

4. Welche Aussagen zur Durchführung einer Wurzelspitzenresektion sind richtig? Kreuzen Sie die drei richtigen Antworten an.

Eine Wurzelspitzenresektion wird durchgeführt ...

- ◯ um entzündliches Gewebe um die Wurzelspitze herum zu entfernen.
- ◯ um den Zahn gewebeschonend zu entfernen.
- ◯ um die nicht aufbereiteten Seitenkanäle zu entfernen.
- ◯ um einen wurzelbehandelten Zahn zu erhalten.
- ◯ um eine Caries profunda zu entfernen.

5. Nennen Sie die einzelnen Behandlungsschritte einer Wurzelspitzenresektion und beschreiben Sie diese.

Abbildung	Behandlungsschritt	Beschreibung
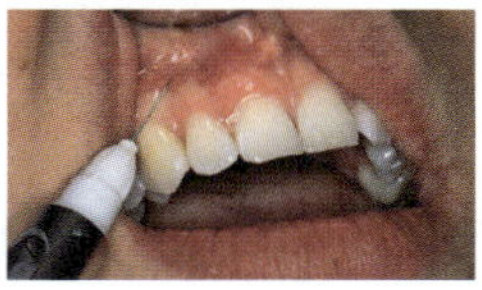		
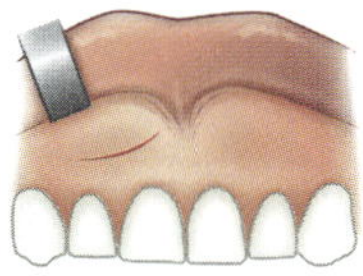		
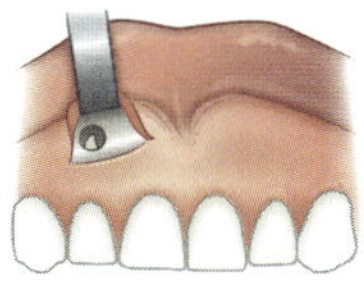		
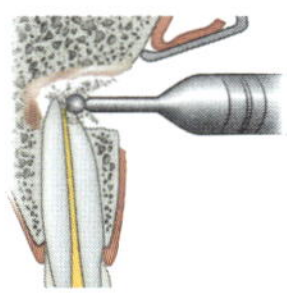		
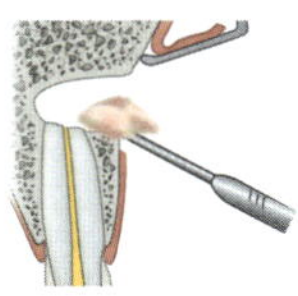		
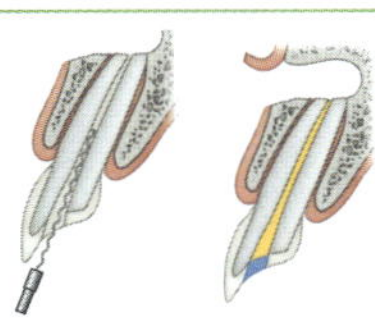		
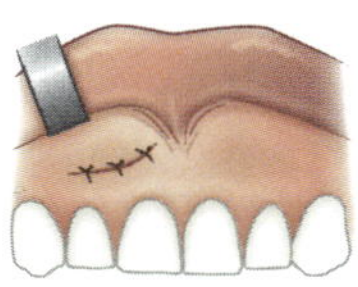		

6. Beschreiben Sie Indikation und Durchführung einer retrograden Wurzelfüllung bei einer Wurzelspitzenresektion.

	Indikation	Durchführung
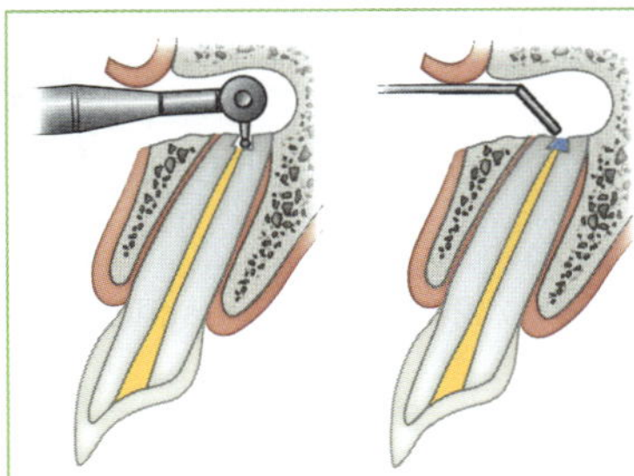		

7. Die Abbildung zeigt die Entfernung einer Zyste.

a. Wie heißt die Operationstechnik?

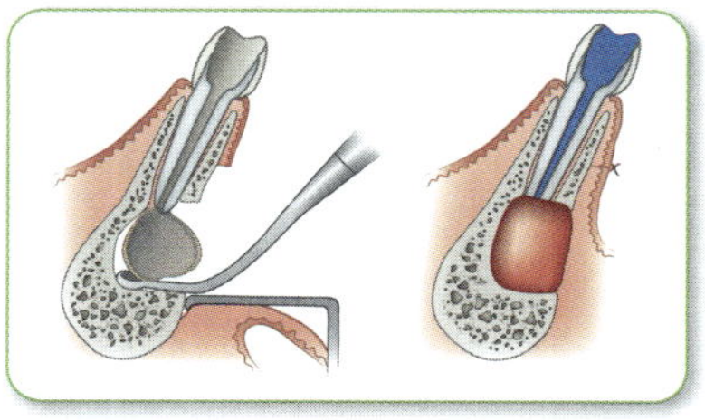

b. Welche Aussagen über diese Operationstechnik sind richtig, welche sind falsch? Kreuzen Sie an.

	richtig	falsch
Der Zystenbalg wird vollständig entfernt.		
Die Wunde wird offengehalten.		
Die Wunde wird vernäht, der Knochen kann unter der Schleimhaut ausheilen.		
Bei größeren Zysten wird nach der Entfernung der Zyste der Hohlraum mit Knochenersatzmaterial aufgefüllt.		

8.

a. Erklären Sie anhand der Abbildung die Entstehung einer Mund-Antrum-Verbindung.

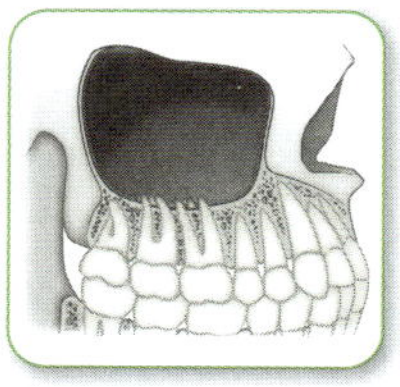

b. Verschluss einer Mund-Antrum-Verbindung: Ordnen Sie die Ziffern aus den Abbildungen zu, indem Sie die Ziffern in die Kreise bei den einzelnen Behandlungsschritten schreiben. Erklären Sie die Behandlungsschritte bzw. nennen Sie die verwendeten Instrumente.

○ Schlitzung des Periosts:

○ Schnittführung:

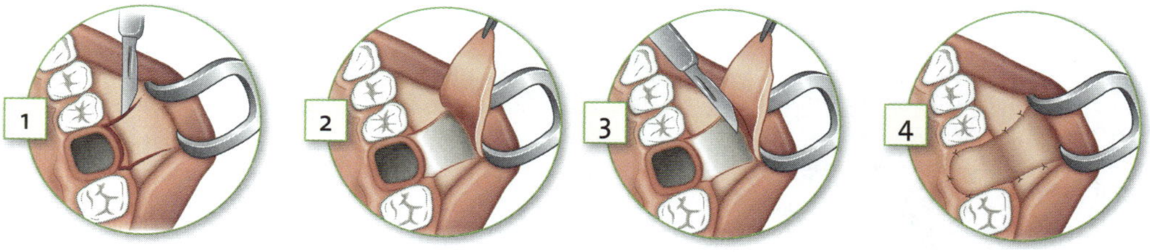

○ Bildung und Ablösen eines Mukoperiostlappens:

○ Plastischer Verschluss:

Lernfeld 8

9. Inzision eines Abszesses: Verbinden Sie die Behandlungsschritte und die verwendeten Instrumente / Materialien mit einer Linie.

Behandlungsschritte	Instrumente / Materialien
Anästhesie	Skalpell, chirurgischer Sauger, chirurgische Pinzette
Einschnitt in den Abszess	Spritze, Kanüle, Anästhetikum
Abszesshöhle spülen	Tamponadenstopfer nach Luniatschek, Gazestreifen
Wunde offen halten / Drainage	Spritze, Spülkanüle, NaCl, Wasserstoffperoxid / antiseptisch wirkende Lösung, chirurgischer Sauger

10. Kreuzen Sie die drei richtigen Aussagen zu einer Exzision an.

- ○ Als Exzision wird die Eröffnung eines Abszesses bezeichnet.
- ○ Bei einer Exzision wird z. B. verdächtig oder verändert aussehendes Gewebe entfernt.
- ○ Das entfernte verdächtig oder verändert aussehende Gewebe wird zur Untersuchung in ein Labor geschickt.
- ○ Bei einer Exzision wird das Gewebe mithilfe einer Zange entfernt.
- ○ Zur Entfernung von Gewebe bei Exzisionen werden Schere und Skalpell eingesetzt.

11.

Wie heißt der Fachausdruck für die Zahndurchbruchsstörung?

____

Wie kommt es dazu?

____

____

____

____

Wie wird es behandelt?

____

____

____

____

____

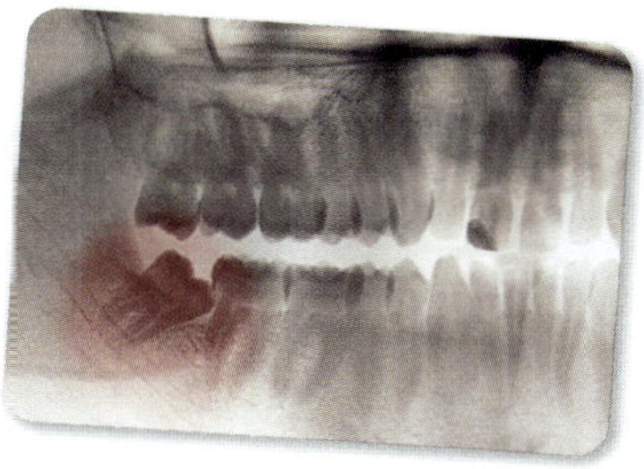

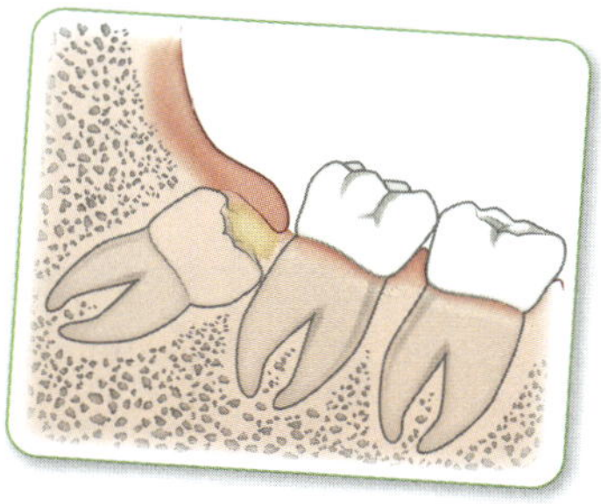

12. Nach einem chirurgischen Eingriff meldet sich die Patientin telefonisch in der Praxis. Sie gehen ans Telefon. Welche Tipps oder Erklärungen geben Sie der Patientin in folgenden Fällen?

Die Wunde hat wieder angefangen zu bluten.

Meine Unterlippe ist immer noch taub und ich kann sie nicht richtig bewegen.

Ich habe sehr starke Schmerzen.

Ich habe heute Fieber bekommen und meine Wange ist total geschwollen, außerdem habe ich Schluckbeschwerden und einen unangenehmen Geschmack im Mund.

13. Wie werden die dargestellten Komplikationen bei chirurgischen Eingriffen behandelt?

Zahnwurzeln frakturieren und bleiben im Kiefer stecken	
Wundheilungsstörung	
Kieferbruch	

6

1. Welche präprothetischen Maßnahmen können bei einem zahnlosen Kiefer gemacht werden, um den Sitz oder Tragekomfort einer Prothese zu verbessern?

- ______________________________
- ______________________________
- ______________________________
- ______________________________
- ______________________________

2. Als chirurgische Maßnahme für eine kieferorthopädische Behandlung wird in der Praxis die Durchtrennung des Lippenbändchens und des Knochenseptums durchgeführt. Bei welchem Symptom wird dieser Eingriff vorgenommen und warum?

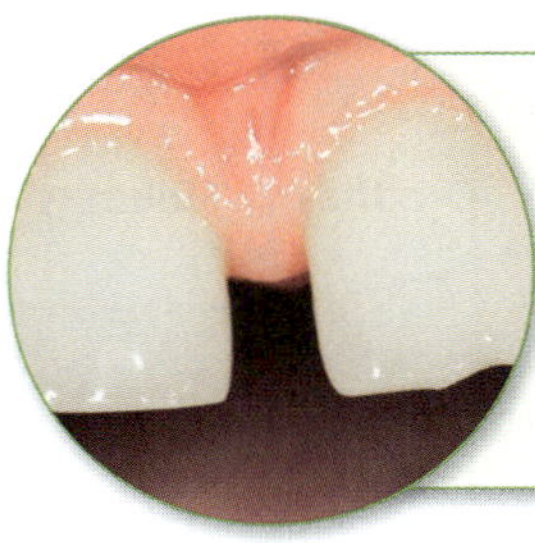

3.

a. Welche Behandlungen wird ein Zahnarzt / eine Zahnärztin im beschriebenen Fall durchführen?

Der vierzehnjährige Mark stürzt mit seinem Skateboard. Er schlägt mit den Frontzähnen direkt auf eine Treppenstufe. Zahn 11 hängt noch in der Alveole, Zahn 21 ist vollständig herausgebrochen. Zum Glück ist Mark sonst nicht schwer verletzt.
Der Unfallort ist in der Nähe einer Zahnarztpraxis. Marks Freund Dennis hebt den Zahn auf. Er sagt zu Mark, dass er den Zahn in den Mund nehmen soll. Den Tipp hatte er von seinem Zahnarzt bekommen. Dann bringt er Mark sofort zum Zahnarzt.

Behandlung teilweise luxierter Zahn (Zahn 11)	Behandlung total luxierter Zahn (Zahn 21)

b. Wie sollten vollständig luxierte Zähne bis zu ihrer Reimplantation aufbewahrt werden?

____
____
____
____

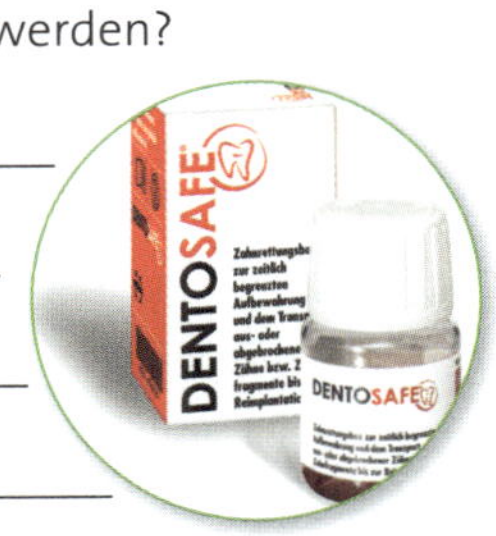

4. Ordnen Sie den Zahnfrakturen die entsprechenden Behandlungen zu, indem Sie die Zahlen eintragen. Einige Behandlungsmaßnahmen werden mehrfach verwendet.

Zahnfraktur	Behandlung
Kronenfraktur ohne Schädigung der Pulpa	
Kronenfraktur in der Nähe der Pulpa bzw. mit geringgradiger Öffnung der Pulpa	
Kronenfraktur mit deutlicher Pulpaeröffnung	
Wurzelfraktur im oberen Drittel	
Wurzelfraktur im mittleren Drittel	
Wurzelfraktur im unteren Drittel	

1 Extraktion

2 Wurzelspitzenresektion

3 adhäsive Füllungstherapie

4 indirekte Überkappung mit anschließender adhäsiver Füllungstherapie

5 Pulpotomie bei Jugendlichen

6 direkte Überkappung mit anschließender adhäsiver Füllungstherapie

7 Vitalexstirpation, Wurzelkanalaufbereitung und -füllung

8 Schienung der Wurzel

5. Bei Verletzungen können die Zähne nicht nur luxieren; es kann auch zu Frakturen der Zahnkrone oder der Zahnwurzel kommen. Zeichnen Sie in die Abbildungen die möglichen Verläufe der in Aufgabe 4 genannten Frakturen ein.

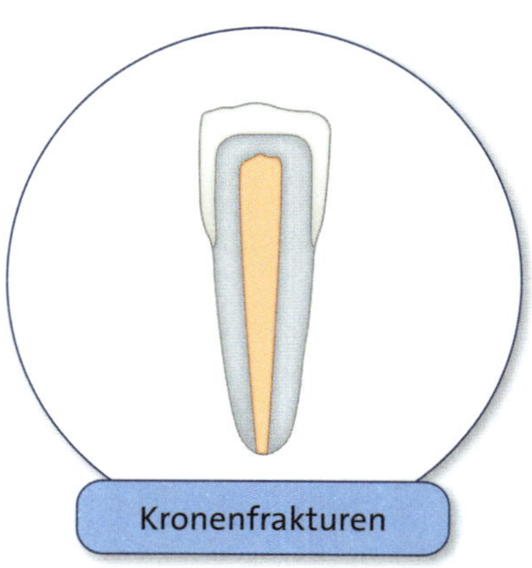

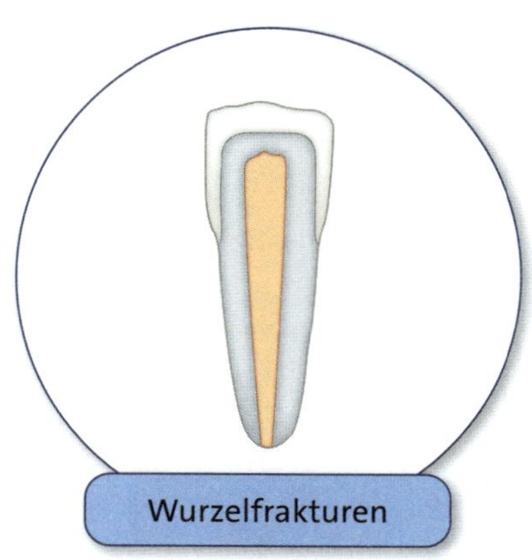

1. Der Sinuslift: Verbinden Sie, was zusammengehört.

In die seitliche Kieferhöhlenwand wird ein Knochenfenster präpariert.	Durch das Knochenfenster kann vorsichtig die Schleimhaut vom Kieferhöhlenboden angehoben werden.	Der Kieferhöhlenboden wird über das Bohrloch vorsichtig nach oben geklopft.

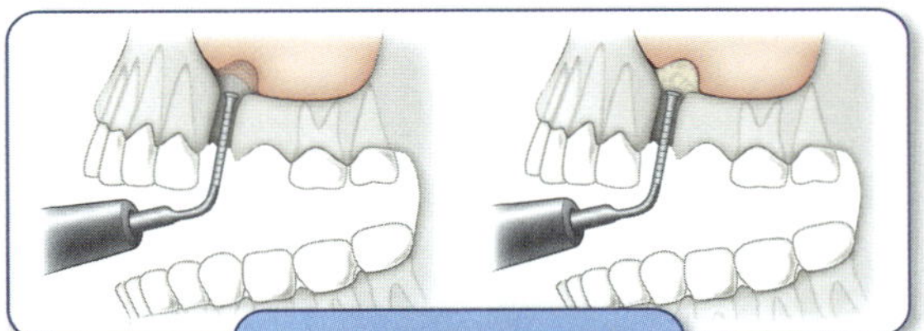

Interner Sinuslift

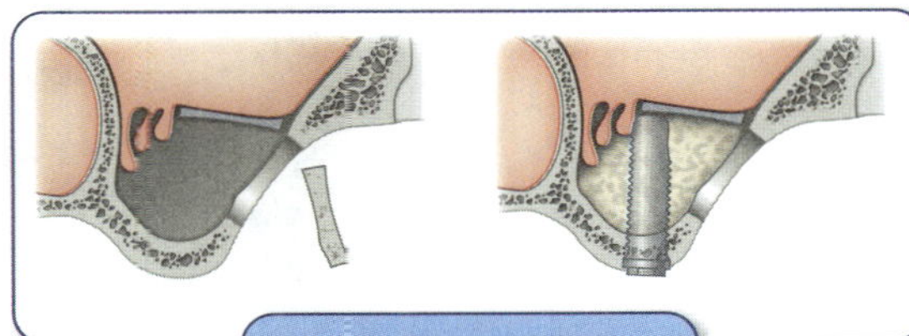

Externer Sinuslift

Knochenspäne oder Knochenersatzmaterial werden eingebracht.	Der knöcherne Kieferhöhlenboden wird ohne Verletzung der Schleimhaut nach oben geschoben.	Es entsteht mehr Knochen und dadurch Platz für das Implantat.

2. Beschriften Sie die Abbildung über den Aufbau eines Implantates.

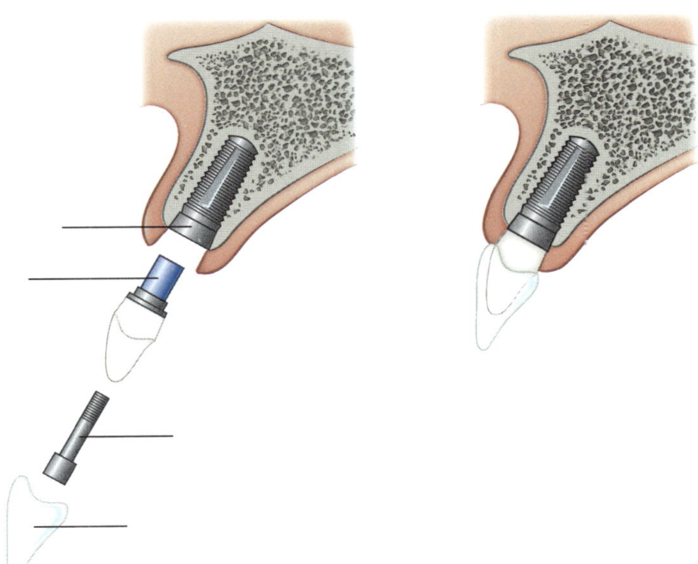

3. Listen Sie stichpunktartig auf, was in den einzelnen Behandlungsschritten einer Implantation stattfindet.

Behandlungsschritt	Erklärung
Befunderhebung 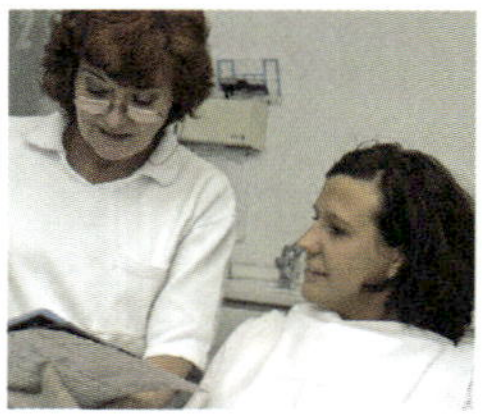	
Planung und Beratung 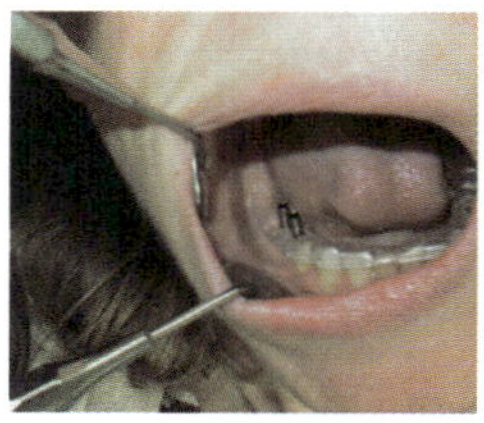	
Vorbehandlung 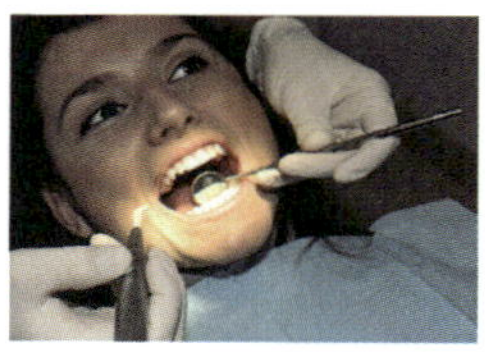	
Bohrung des Implantatlagers und Implantation 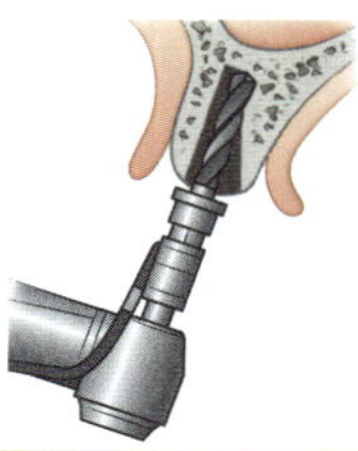	
Einheilung 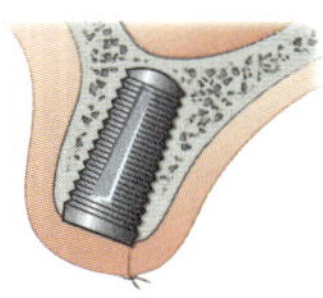	
Freilegung 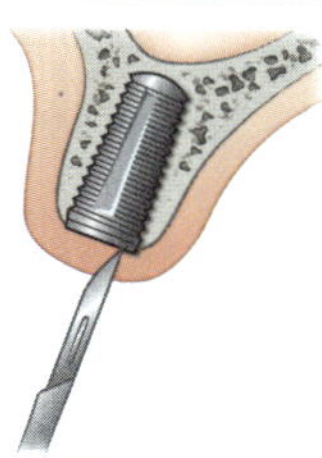	
Prothetische Versorgung 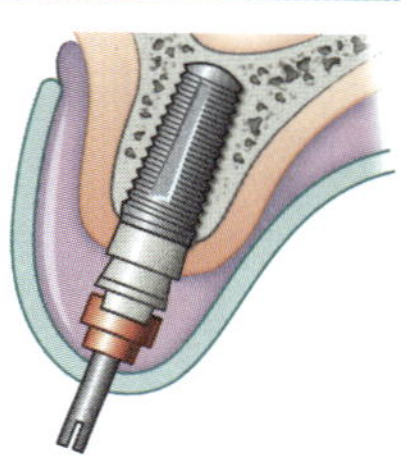	

8

1. Arzneimittel kommen in den unterschiedlichsten Verabreichungsformen vor. Kreuzen Sie an, welche Konsistenz die folgenden Verabreichungsformen haben.

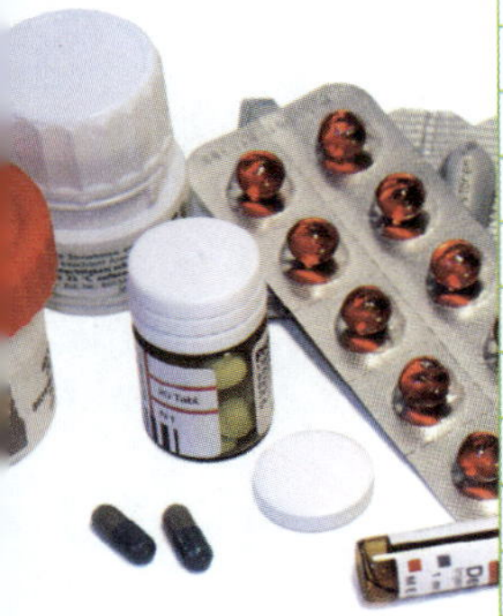

	fest	streichfähig	flüssig	gasförmig
Emulsion				
Paste				
Zäpfchen				
Kapseln				
Aerosol				
Tinktur				
Dragees				
Salbe				
Tabletten				
Suspension				
Gel				

2. Es gibt verschiedene Arten einem Patienten ein Arzneimittel zu verabreichen. Hier helfen Ihnen Zahlen weiter. Jede Zahl steht immer für denselben Buchstaben.

1.	E	N	T	E	R	A	L													
	10	6	23	10	19	25	11													
	Aufnahme über Mund- oder Darmschleimhaut																			
2.																				
	11	15	22	25	11															
	Örtlich begrenzte Anwendung																			
3.																				
	3	25	19	10	6	23	10	19	25	11										
	Verabreichung unter Umgehung des Verdauungstraktes																			
4.																				
	9	6	4	10	22	23	9	15	6											
	Einspritzung eines Arzneimittels																			
5.																				
	9	6	13	25	11	25	23	9	15	6										
	Einatmung eines gasförmigen Arzneimittels																			
6.																				
	9	6	23	19	25	1	10	6	15	10	8									
	Einspritzung in die Vene																			
7.																				
	9	6	23	19	25	18	26	8	22	26	11	25	10	19						
	Einspritzung in den Muskel																			
8.																				
	9	6	23	19	25	11	9	5	25	18	10	6	23	25	10	19				
	Einspritzung in den Parodontalspalt																			
9.																				
	8	26	7	22	26	23	25	6												
	Einspritzung unter die Haut																			
10.																				
	19	10	22	23	25	11														
	Verabreichung eines Arzneimittels über die Schleimhaut des Mastdarms																			

3. Hier werden einzelne Arzneimittelgruppen gesucht. Als Lösungswort ergibt sich senkrecht in den grünen Feldern ein weiteres Arzneimittel.

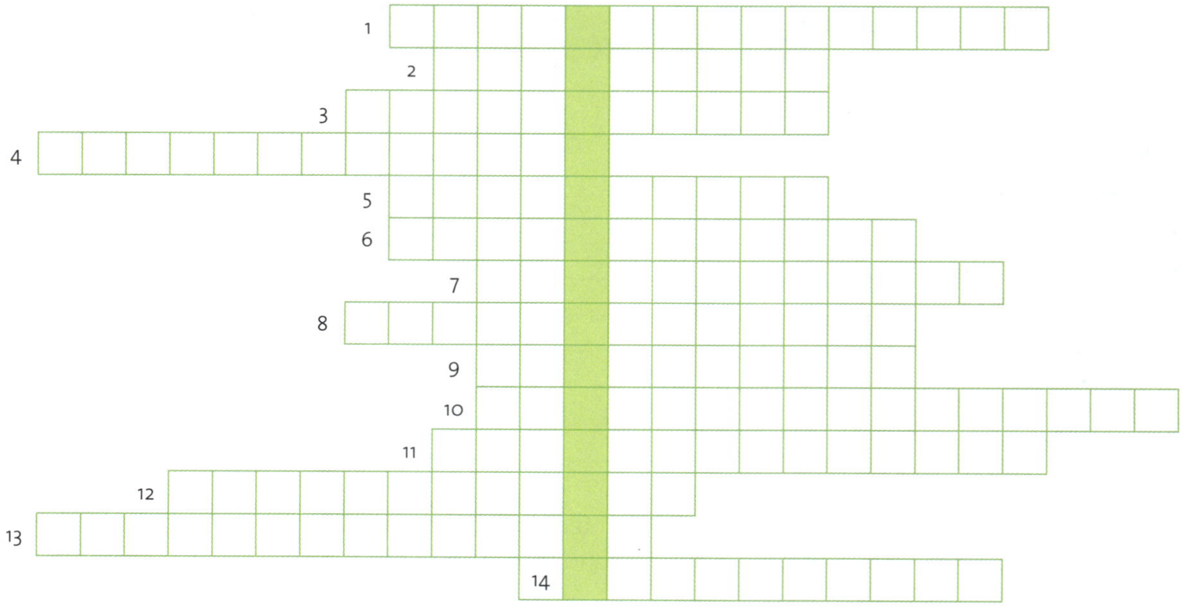

1 Wirkt auf die Psyche des Menschen symptomatisch ein.
2 Hat dämpfende Wirkung auf das zentrale Nervensystem zur Behandlung von Angstzuständen.
3 Schmerzstillendes Arzneimittel.
4 Arzneimittel mit schmerzausschaltender Wirkung.
5 Arzneimittel zur Ausschaltung von Schmerz und Bewusstsein.
6 Arzneimittel zur Behandlung von Virusinfektionen.
7 Desinfiziert beispielsweise die Haut.
8 Arzneimittel gegen Pilzinfektionen.
9 Schlafmittel.
10 Arzneimittel mit entzündungshemmender Wirkung.
11 Arzneimittel mit fiebersenkender Wirkung.
12 Arzneimittel zur Behandlung von bakteriellen Infektionen.
13 Schleimhautzusammenziehendes Arzneimittel.
14 Anderes Wort für Arzneimittel.

Das Lösungswort ergibt den Fachbegriff für ein blutstillendes Arzneimittel:

4. Bei der Einnahme eines Antibiotikums ist es wichtig, nach den Anweisungen des Arztes zu handeln. Warum ist es notwendig, Antibiotika regelmäßig über einen bestimmten Zeitraum einzunehmen?

Lernfeld 8

5.

a. Medikamente dürfen nur mit einem Beipackzettel abgegeben werden, auf dem sowohl die Inhaltsstoffe, die Verabreichung als auch die Nebenwirkungen und die Wechselwirkungen dieses Medikamentes verzeichnet sind. Erklären Sie die Begriffe Nebenwirkungen und Wechselwirkungen.

Nebenwirkungen	Wechselwirkungen

b. Welche Nebenwirkungen können bei der Einnahme von Medikamenten auftreten?

- ______________________
- ______________________
- ______________________
- ______________________
- ______________________
- ______________________
- ______________________

c. Warum soll man keinen Alkohol trinken bei gleichzeitiger Einnahme von Medikamenten?

6.

a. Die Abgabe von Medikamenten ist gesetzlich geregelt. Ergänzen Sie das Schema zur Arzneimittelabgabe.

b. Schreiben Sie jeweils ein Beispiel unter die ausgefüllten Felder.

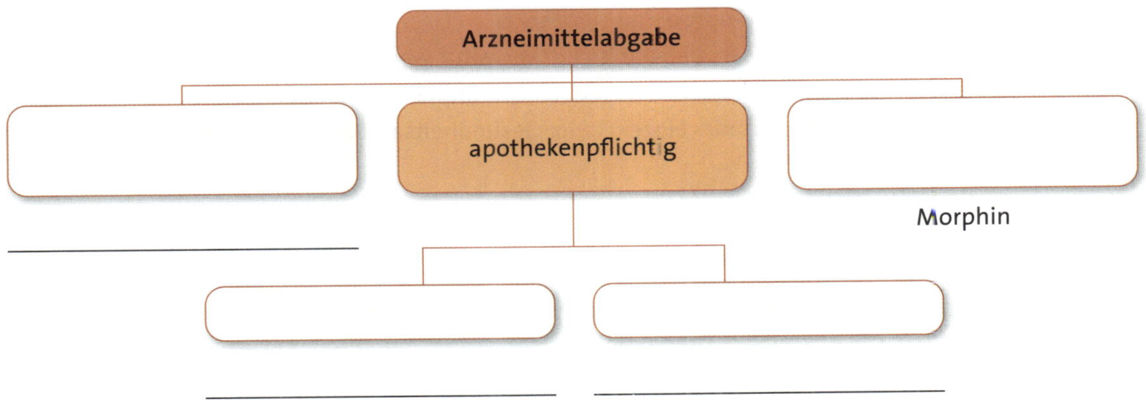

7. Nach einem chirurgischen Eingriff händigen Sie der Patientin ein Rezept für ein Antibiotikum aus. Sie stellt Ihnen einige Fragen zu den Eintragungen, die sie nicht versteht.

Was ist Amoxicillin?

Was bedeutet 750 mg?

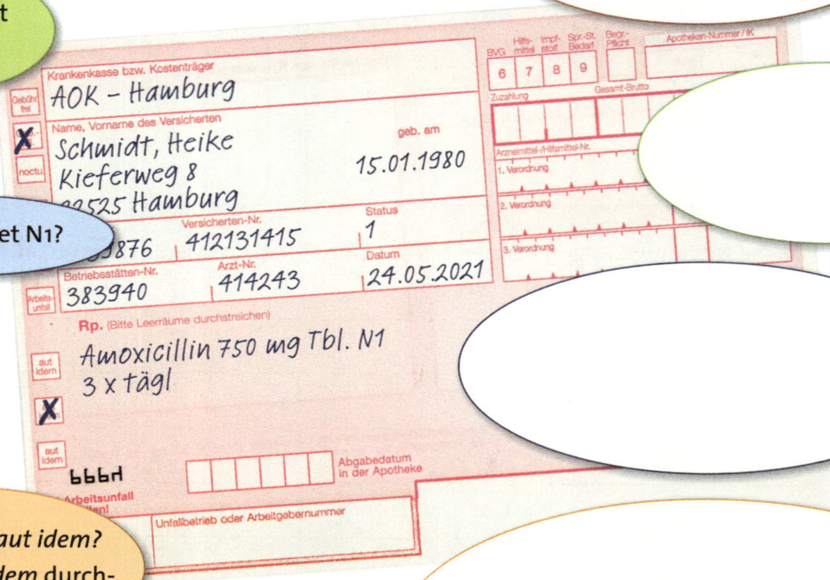

Krankenkasse bzw. Kostenträger: AOK – Hamburg

Name, Vorname des Versicherten: Schmidt, Heike, Kieferweg 8, 22525 Hamburg

geb. am: 15.01.1980

Versicherten-Nr.: 412131415 | Status: 1

Betriebsstätten-Nr.: 383940 | Arzt-Nr.: 414243 | Datum: 24.05.2021

Rp. (Bitte Leerräume durchstreichen)

Amoxicillin 750 mg Tbl. N1
3 x tägl

aut idem

Abgabedatum in der Apotheke

Unfallbetrieb oder Arbeitgebernummer

Was bedeutet N1?

Was bedeutet *aut idem*? Und wenn *aut idem* durchgekreuzt ist?

Was genau heißt 3x täglich?

8. Bei der Ausstellung eines Betäubungsmittelrezeptes sind bestimmte Regeln zu beachten. Kreuzen Sie die richtigen drei Antworten an.

- ○ Es müssen spezielle 3-teilige Formulare verwendet werden.
- ○ Es dürfen nur Tabletten verordnet werden.
- ○ Das Rezept geht vollständig an die Apotheke.
- ○ Rezeptvordrucke müssen diebstahlsicher verwahrt werden.
- ○ Ein Teil des Rezeptformulars verbleibt beim verordnenden Zahnarzt.
- ○ Jeder Rezeptvordruck muss einzeln beim Gesundheitsamt bestellt werden.

9. Welche Medikamente darf eine Zahnmedizinische Fachangestellte verschreiben? Kreuzen Sie die richtige Antwort an.

- ○ Medizinische Zahnpasten
- ○ Mundspülung
- ○ Fluortabletten
- ○ Elmexfluid
- ○ überhaupt keine
- ○ Schmerztabletten

9

1. Im Rätselfeld verstecken sich waagerecht und senkrecht 16 Fachbegriffe aus Lernfeld 8.

a. Markieren Sie diese farbig.

H	E	R	T	A	B	S	C	W	E	R	T	J	U	I	K	I	L	O	P	O	P
A	N	T	O	N	I	A	Z	U	M	V	E	R	E	R	Z	T	H	U	J	K	I
N	O	S	T	E	O	M	Y	E	L	I	T	I	S	X	C	D	E	R	F	G	H
N	I	H	I	L	I	S	S	Q	E	R	T	Z	H	J	K	L	Ö	P	O	I	N
I	M	M	E	R	H	I	T	E	R	L	P	A	R	C	D	O	N	T	I	U	M
B	A	D	E	N	G	X	E	N	O	P	H	I	L	I	E	R	O	O	S	T	E
A	N	A	B	E	I	I	Q	W	E	R	T	Z	H	J	M	T	I	M	U	N	T
L	I	E	B	E	N	N	E	S	T	E	U	F	E	I	N	H	O	C	H	Z	U
R	Q	A	Y	E	G	G	A	N	D	O	L	I	F	E	R	O	B	E	R	S	T
W	Q	P	E	R	I	O	S	T	I	T	I	S	H	F	I	G	G	B	E	B	D
G	E	H	E	I	V	S	U	L	E	I	D	T	E	C	V	R	P	A	R	O	L
F	I	N	I	Z	A	T	B	L	I	E	D	E	V	E	C	A	M	A	R	C	D
B	O	L	K	I	U	E	P	A	P	I	L	L	E	U	I	D	U	D	U	D	U
B	H	W	R	T	G	R	E	R	W	E	R	T	T	Z	U	J	K	L	B	V	F
D	F	G	F	E	W	E	R	V	E	R	R	A	T	A	T	S	A	C	H	E	R
M	U	N	D	T	E	I	I	U	M	Z	U	G	H	L	W	E	R	T	G	T	G
F	G	F	E	W	S	D	O	S	E	R	T	F	G	V	V	S	C	H	G	R	U
S	H	A	R	P	E	Y	S	C	H	E	F	A	S	E	R	N	Ö	L	K	J	H
W	E	R	A	V	R	T	T	A	T	S	U	C	H	O	F	G	F	E	W	S	D
W	I	E	S	U	C	H	A	W	K	L	A	S	W	L	E	I	M	E	R	F	A
W	O	H	P	M	A	L	L	E	I	C	H	E	D	E	S	M	O	D	O	N	T
W	A	S	A	A	T	S	U	C	H	L	N	O	P	H	I	L	I	E	N	O	P
W	R	T	T	F	G	F	E	W	S	U	H	E	R	T	A	B	S	C	H	E	R
E	R	T	O	W	I	E	D	E	R	X	T	A	B	S	C	H	T	T	A	B	S
R	T	L	R	E	T	R	O	G	R	A	D	O	C	H	Z	U	O	C	H	Z	U
W	R	T	I	W	R	T	W	R	T	T	G	A	N	D	O	L	G	A	N	D	O
B	N	S	U	L	K	U	S	D	E	I	W	E	R	T	A	N	A	B	E	A	N
A	S	T	M	A	T	S	U	C	H	O	I	Q	W	E	R	T	Z	H	J	M	I
I	Q	W	E	R	T	Z	H	J	M	N	A	N	A	B	E	A	N	I	Q	W	E
R	W	E	R	T	T	Z	U	J	K	L	B	R	W	E	R	T	T	Z	U	J	K

b. Tragen Sie die gefundenen Fachbegriffe hier ein.

Lernfeld 8

2. Finden Sie zu den Erklärungen die entsprechenden Termini.

Terminus	Erklärung
	Beseitigung eines offenen Zugangs von der Kieferhöhle zur Mundhöhle
	Entfernung eines Zahnkeims
	Entfernung einer nicht erhaltungswürdigen Zahnwurzel bei mehrwurzeligen Zähnen
	Ersatz fehlender Knochensubstanz
	Einschnitt ins Körpergewebe
	operative Entfernung eines Zahns
	Entfernung eines Zahns mit speziellen Zangen und Hebeln
	Entfernung von Gewebe
	Entfernung einer Zyste mit vollständiger Entfernung des Zystenbalgs
	Aufnahme über Mund- oder Darmschleimhaut
	abgekapselte Eiteransammlung in einer nicht vorgeformten Höhle

Terminus	Erklärung
	Arzneimittel zur Behandlung bakterieller Infektionen
	Entfernung der Wurzelspitze
	operative Vertiefung des Mundbodens
	frei bewegliches Gewebe auf dem Alveolarkamm
	Anheben des Kieferhöhlenbodens
	Entzündungen des Zahnhalteapparates
	Antibiotikagabe zur Verhinderung einer Herzinnenhautentzündung
	Einpflanzung von z. B. künstlichen Zahnwurzeln
	Schmerzmittel
	erschwerter Zahndurchbruch

Lernfeld 8

1

1. Ergänzen Sie das folgende Schaubild. Tragen Sie in die blauen Kästchen die zu den Erklärungen gehörenden Begriffe ein und in die gelben Kästchen die Beispiele:

eingetragener Verein
Zahnärztekammer
Zahnarzt Dr. J. Wagner

= Fähigkeit, Träger von Rechten und Pflichten zu sein

= alle Menschen von der Geburt bis zum Tod

= Zusammenschlüsse von Personen / Organisationen

mit Eintrag in ein Register

durch staatliche Verleihung

2. Beschreiben Sie Aufbau und Inhalt der Geschäftsfähigkeit, indem Sie die Tabelle vervollständigen.

Geschäftsfähigkeit =			
Stufen	**Alter**	**Beschreibung**	**Beispiel**

3. Nicht alle Rechtsgeschäfte kommen zustande. Nennen Sie ein Beispiel für ein

- nichtiges Rechtsgeschäft: ______________________

____

- anfechtbares Rechtsgeschäft: ______________________

____

4. Bei folgenden Ausnahmen benötigt ein beschränkt Geschäftsfähiger keine Zustimmung. Schreiben Sie die verdrehten Wörter richtig in die Lücken.

- Geschäfte, die mit dem (dlegnehcsaT) ____________________ beglichen werden,
- Geschäfte, die nur (elietroV) ________________ bringen,
- Schenkungen ohne weitere (negnuthcilfpreV) ____________________ (z. B. Schmuck, aber keinen Hund),
- Geschäfte, die ein von den Eltern erlaubtes (sintlährevstiebrA) ______________________ betreffen, z. B. der Kauf von (gnudielksfureB) ______________________.

5. Welche Grundvoraussetzung muss gegeben sein, damit ein Vertrag überhaupt zustande kommen kann?

____

____

6. Beurteilen Sie die folgenden Rechtsgeschäfte. Kreuzen Sie die zutreffenden Eigenschaften an und nennen Sie die Formvorschrift, sofern es eine gibt.

Beispiel	einseitig	zweiseitig	empfangsbedürftig	Formvorschrift
In der Zahnarztpraxis Müller gehen die Patientenzahlen zurück. Zahnarzt Müller muss der ZFA Susanne kündigen.				
Susanne ficht die Kündigung an, aber ohne Erfolg.				
Susanne kann sich ihre teure Wohnung nicht mehr leisten. Sie kündigt den Mietvertrag und zieht zu ihrem Freund Kai.				
Kai macht Susanne einen Heiratsantrag. Er schlägt vor, einen Ehevertrag zu schließen.				
Susanne hat Glück. Sie findet einen neuen Job bei Zahnarzt Dr. Meier. Sie unterschreibt einen Arbeitsvertrag.				
Die Praxis von Dr. Meier ist für Susanne nicht leicht erreichbar. Sie kauft ein Auto.				
Susanne hat leider keine Ersparnisse. Sie muss einen Kredit aufnehmen.				
Kais Oma setzt Kai als Erben in ihrem Testament ein.				
Nun ist Kais Oma tatsächlich verstorben. Von der Erbschaft wollen sich Kai und Susanne ein Haus kaufen.				

Lernfeld 9

2

1. Nennen Sie verschiedene Möglichkeiten der Bezugsquellenermittlung.

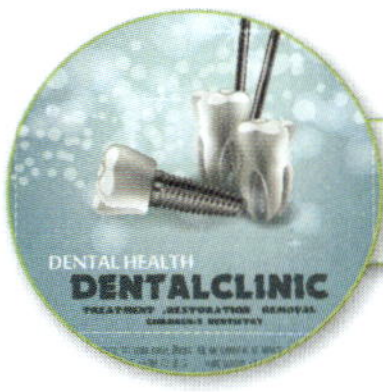

2. Hier lesen Sie Ausschnitte aus Geschäftsbriefen.

a. Ordnen Sie zu, welcher Satz aus einer Rechnung, einer Anfrage, einem Auftrag, einer Bestellung, einem Angebot, einer Mahnung oder einer Auftragsbestätigung stammt (Quelle).

b. Geben Sie den einzelnen Schritten eine sinnvolle Reihenfolge, indem Sie Ziffern eintragen.

Quelle	Textbeispiel	Ziffer
	Bitte schicken Sie uns eine Auftrags- sowie Lieferzeitbestätigung.	
	Rechnungsbetrag 2.198,00 EUR. Zahlbar innerhalb von 30 Tagen. 3 % Skonto bei Zahlung innerhalb von 14 Tagen nach Rechnungslegung.	
	Senden Sie uns bitte auch Ihren Katalog sowie eine aktuelle Preisliste zu.	
	Sie haben gewiss übersehen, ...	
	Wir freuen uns, dass Ihnen unser Angebot gefallen hat und bestätigen Ihre Bestellung.	
	Wir können Ihnen eine Behandlungseinheit mit folgender Ausstattung anbieten: ...	

3. Erläutern Sie den Unterschied zwischen einer „allgemeinen Anfrage“ und einer „speziellen Anfrage“.

4. Sie sehen in einem Schaufenster das rechts abgebildete Schild. Welche rechtliche Bedeutung hat das „Angebot"?

____

____

____

5. Angebote haben eine begrenzte Gültigkeit. Entweder im Angebot selbst ist eine Frist gesetzt oder es gelten gesetzliche Fristen. Tragen Sie ein, innerhalb welcher Zeit man auf welche Angebote reagiert haben muss, wenn keine Frist angegeben wurde.

Form des Angebots	Zeitfenster
telefonisch, mündlich	
per Brief	
per Email, Fax	

6. Zahnärztin Dr. Gisela Sparwasser ist immer darum bemüht Geld zu sparen. Benennen Sie die Preisnachlässe, die sie in letzter Zeit erhalten hat.

Vertragsinhalt	Preisnachlass
Dr. Sparwasser benötigt drei Energiesparlampen für die Praxis. Das Stück kostet 7,99 €. Sie kauft 10 Lampen, denn dann kostet jede nur noch 5,99 €.	
Die Putzmittel für die Praxis kauft Frau Dr. Sparwasser in einem Drogeriemarkt. Für den Drogeriemarkt hat sie eine Kundenkarte. Wenn sie durch ihre Einkäufe auf der Karte genügend Punkte gesammelt hat, bekommt sie für ihren nächsten Einkauf Gutschriften.	
Dr. Sparwasser benötigt einen neuen Amalgamabscheider. Sie bezahlt das Gerät sofort bei Lieferung und bekommt deshalb einen Preisnachlass.	

7. Diese Begriffe sind im Rahmen eines Angebotes von Bedeutung. Ordnen Sie die Begriffe den richtigen Erklärungen zu.

1 ab Werk 2 Barkauf 3 Vorauskasse 4 Art und Güte der Ware 5 Freizeichnungsklausel

6 Terminkauf 7 frei Haus 8 Zielkauf 9 Fixkauf

- ◯ Der Käufer übernimmt alle Versandkosten.
- ◯ z. B. Farbe und Material einer Ware
- ◯ Vertraglicher Zusatz, der die Verbindlichkeit eines Angebots einschränkt.
- ◯ Käufer muss bezahlen, bevor der Verkäufer mit der vertraglichen Warenlieferung beginnt.
- ◯ Vereinbarung einer bestimmten Lieferfrist
- ◯ Der Verkäufer übernimmt alle Versandkosten.
- ◯ Der Käufer zahlt während der Warenübergabe.
- ◯ Ein genauer Liefertermin wird vereinbart.
- ◯ Der Käufer bekommt eine Frist zur Zahlung des Kaufpreises eingeräumt.

8. Wer zahlt die Verpackungs- und Beförderungskosten, wenn vertraglich nichts anderes vereinbart wurde? Begründen Sie Ihre Antwort.

____

____

____

____

____

9. Ein Hamburger Zahnarzt hat bei einer Münchner Firma einen Autoklaven gekauft. Das Gerät wird nicht pünktlich geliefert. Da man sich nicht einigen kann, will der Zahnarzt die Münchner Firma verklagen. An welchem Ort findet eine evtl. Gerichtsverhandlung statt?

____

10. Der Text enthält 13 Fehler (falsche Buchstaben). Die Fehler ergeben das Wort, um das es in dem Text geht.

DErunter versteht man den Ort, an dem Käufer und rerkäufer ihre Pflichten aus dem Kaufvertrag erfüflen müssen. Der Verkäufer hat die Pflicht, die Würe pünktlich und mängelfrei zu übergeben, und del Käufer hat die Pflicht, die Ware pünktlich zu lezahlen und anzunehmen.
Laut Gesetz gelten sowohl fur Käufer als auch für Verkäufer immer die Orte, an nenen sie ihren Wohn- bzw. Geschäftssitz haben. ger Verkäufer muss die Ware in seinem Geschäft sereitstellen, der Käufer muss dem Verkäufer das Gold übermitteln. Wenn es vertraglich vereinbarr ist, kann man von dieser Vorschrift abweichen utd andere Orte zur Vertragserfüllung wählen.

Das Lösungswort lautet: ____________________

11. Zahnarzt Dr. Sommer hat in einem Dentaldepot 20 Packungen Alginat bestellt. Als er die erste Packung öffnet stellt er fest, dass das Alginat verklumpt und damit nicht mehr brauchbar ist. Als er sich beschwert, behauptet das Dentaldepot, das Problem sei auf fehlerhafte Lagerung zurückzuführen. Beurteilen Sie die Situation.

12. Zahnärztin Dr. Winter hat im Fachhandel einen Bürostuhl gekauft; nach neun Monaten ist die Mechanik für die Höhenverstellung kaputt. Beurteilen Sie die Situation.

____

____

13. Dr. Herbst hat an einen Kollegen sein altes Elektrochirurgiegerät verkauft. Nach 6 Monaten ist das Gerät defekt und der Kollege fordert sein Geld zurück. Beurteilen Sie die Situation.

____

____

14. Ihre Praxis bestellt neue Berufskleidung für alle ZFA. Jede der sechs Mitarbeiterinnen erhält drei neue Hosen und fünf Poloshirts. Die Praxis hat drei Angebote von verschiedenen Anbietern erhalten. Vergleichen und entscheiden Sie, bei wem gekauft wird.

Fa. Praxis-Chic

Hose 30 €; Shirt 20 € zzgl. MwSt.

Zahlungsbedingungen: 2 % Skonto bei Zahlung innerhalb von 14 Tagen

Lieferzeit: ca. 6 – 8 Wochen

Lieferung: erfolgt ab 150 € frei Haus

Fa. Dental Fashion

Hose 25 €; Shirt 25 € inkl. MwSt.

Zahlungs- und Lieferbedingungen: Bei einem Bestellwert von mindestens 500 € entstehen keine Versandgebühren.

Wenn Sie noch diese Woche bestellen, erhalten Sie 15 % Rabatt.

Lieferzeit: ca. 3 Wochen

Fa. Gesundheitsmoden

Hose 22 €; Shirt 27 € zzgl. MwSt.

Zahlungsbedingungen: 3 % Skonto bei Zahlung innerhalb von 10 Tagen

Sie erhalten 12 % Mengenrabatt, wenn Sie mehr als 15 Teile von einem Artikel bestellen.

Porto und Verpackung betragen pauschal 10 €

Lieferzeit: ca. 10 Tage

Anbieter	Fa. Praxis-Chic		Fa. Dental Fashion		Fa. Gesundheitsmoden	
Preise in €	Stückpreis	Gesamtpreis	Stückpreis	Gesamtpreis	Stückpreis	Gesamtpreis
____ Hosen						
____ Shirts						
Zwischensumme						
– Rabatt						
= Zieleinkaufspreis						
– Skonto						
= Bareinkaufspreis						
+ Bezugskosten						
= Bezugspreis						
+ 19 % MwSt.						
Endpreis in €						

3

1. Erklären Sie die folgenden Situationen, indem Sie Kästchen und die Sprechblasen beschriften.

a. Zahnarzt Dr. Sommer bietet seinem Assistenzarzt Dr. Winter an, seine moderne und voll eingerichtete Praxis für 350.000 € zu erwerben. Dr. Winter freut sich über das Angebot und stimmt zu.

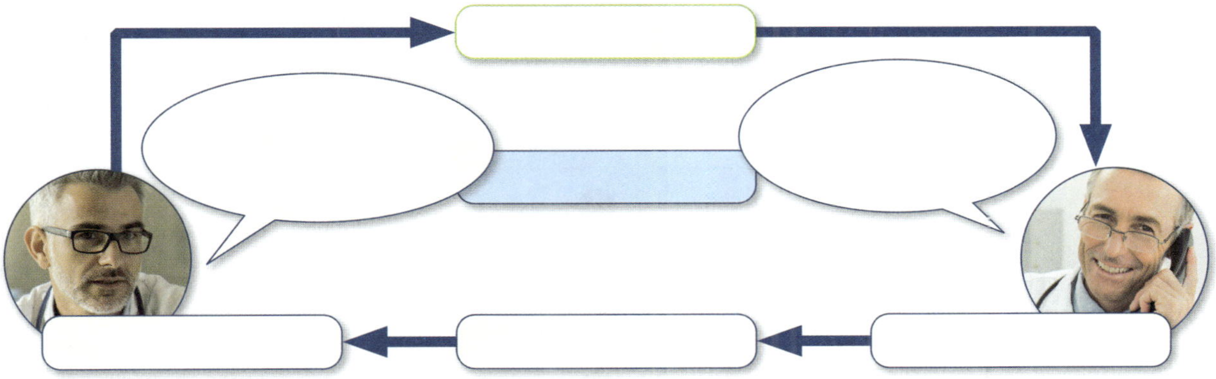

b. Zahnarzt Dr. Winter kauft nach Übernahme der Praxis als Einstandsgeschenk für das Team einen Kaffeevollautomaten bei einem Versandhändler.

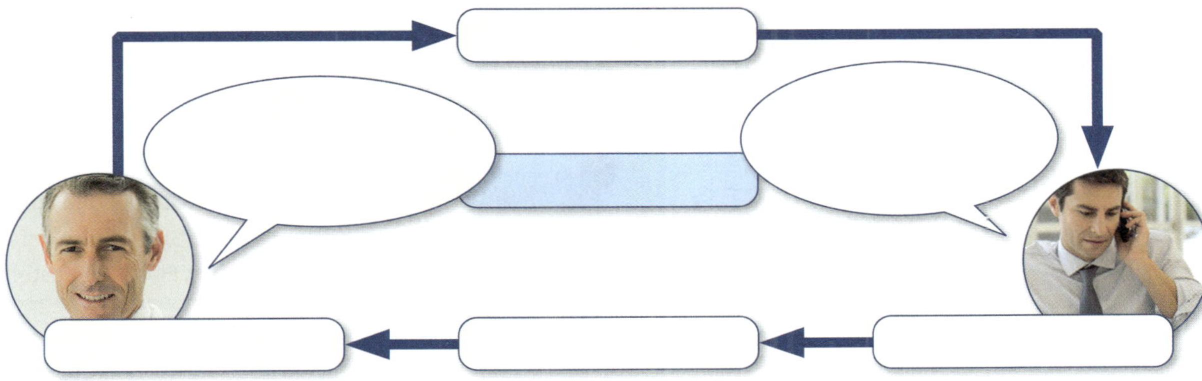

2. Markieren Sie die Rechte, die durch den Abschluss eines Kaufvertrags entstehen, farbig. Die Rechte des Käufers / Pflichten des Verkäufers in gelb, die Rechte des Verkäufers / Pflichten des Käufers in blau.

- Übereignung der Ware
- Annahme der Ware
- Korrekte Lieferung und Übereignung der Ware
- Übernahme der Kosten für die Verpackung
- Annahme des vereinbarten Zahlungsmittels
- Übernahme der Kosten für die Beförderung
- Zahlung des Kaufpreises

3. Entscheiden Sie, welche Kaufvertragsart nach der rechtlichen Stellung in den folgenden Fällen vorliegt.

a. Der Hersteller von Einmalhandschuhen verkauft an ein Dentaldepot 5.000 Pakete Einmalhandschuhe: ____________

b. Die ZFA Andrea kauft Brötchen für die gemeinsame Frühstückspause in der Praxis: ____________

c. Zahnarzt Dr. Brandt kauft in einem Dentaldepot fünf neue Winkelstücke: ____________

4. Ordnen Sie den blau hinterlegten Begriffen die passenden Beispiele und Erklärungen durch Einsetzen der Kennbuchstaben zu.

1 Ratenkauf
2 Kauf nach Probe
3 Kauf auf Probe
4 Kauf zur Probe
5 Kauf an der Haustür
6 Fixkauf
7 Kauf als Fernabsatzvertrag
8 Kauf auf Abruf

- ◯ Zahnarzt Dr. Bruhn kauft eine neue Behandlungseinheit. Er zahlt den ersten Teil der Kaufsumme bei Erhalt der Einheit, den zweiten Teil drei Monate später.
- ◯ ZFA Ute kauft in einem Onlineshop neue Schuhe.
- ◯ Dr. Winkler ist auf ein neues Material für Kunststofffüllungen aufmerksam geworden. Er möchte es erst ausprobieren, bevor er eine größere Menge bestellt.
- ◯ Der Verkäufer muss die Ware entsprechend einer bestimmten Probe liefern.
- ◯ Dr. Heinemann erhält aus dem Fachhandel eine Lupenbrille. Wenn er damit nicht zurechtkommt, kann er die Brille innerhalb von 14 Tagen zurückgeben, andernfalls behält und bezahlt er die Brille.
- ◯ Dr. Bauer möchte den Mengenrabatt für Vinylhandschuhe in Anspruch nehmen, obwohl er wenig Stauraum hat. Er hat 200 Pakete Handschuhe bezahlt, lässt sich aber nur zwei Mal die Woche jeweils zwei Pakete liefern.
- ◯ Die Mutter von ZFA Regina hat auf einer Kaffeefahrt eine Rheumadecke erworben.
- ◯ Auf einer Messe hat Dr. Weigand eine Mundspüllösung ausprobiert. Sie hat ihm gefallen und er hat 15 Flaschen bestellt.
- ◯ Kaufverträge, die zwischen den Vertragspartnern ohne körperliche Anwesenheit geschlossen werden. Der Käufer hat keine Möglichkeit, die Waren vor Vertragsschluss zu sehen und zu prüfen.
- ◯ Der Käufer bezieht kleine Mengen einer Ware zum Testen. Er hat dem Verkäufer gesagt, dass er mehr bestellen wird, wenn ihm die Ware gefällt.
- ◯ Am 15.10.xx wird das neue Reinigungs- und Desinfektionsgerät geliefert.
- ◯ Es gilt eine Vereinbarung zwischen Gläubiger und Schuldner auf Begleichung der Schulden mittels festgelegter Teilbeträge.
- ◯ Verträge, welche vor oder in der privaten Wohnung, am Arbeitsplatz, auf der Straße, in öffentlichen Verkehrsmitteln oder bei Freizeitveranstaltungen geschlossen werden.
- ◯ Kauf mit fester Liefertermizusage.

5.

a. Was versteht man unter „Eigentumsvorbehalt“? Benutzen Sie bei der Erklärung die Begriffe „Besitzer“ und „Eigentümer“.

____

____

b. Welche rechtlichen Folgen kann der Eigentumsvorbehalt haben?

____

____

4

1. Kommen Käufer oder Verkäufer ihren Pflichten bei der Erfüllung eines Kaufvertrags nicht nach, dann spricht man von einer …

Als Hilfe – die einzelnen Buchstaben des Lösungswortes:

t a e g f
K s a r
s v u t r
r g u ö n

2. Welche Arten von Pflichtverletzungen hinsichtlich eines Kaufvertrages sind möglich? Unterscheiden Sie dabei Käuferseite und Verkäuferseite.

a. Nennen Sie drei Pflichtverletzungen, die der Verkäufer zu verantworten hat.

b. Nennen Sie zwei Pflichtverletzungen, die der Käufer zu verantworten hat.

3. Entspricht die gekaufte Ware nicht der vereinbarten Beschaffenheit,

dann liegt ein _ _ _ _ _ _ _ _ _ _ _ _ _ vor.

4. Ordnen Sie die unterschiedlichen Sachmängel den Beispielen zu, indem Sie die richtigen Kennziffern eintragen.

1	zu wenig geliefert
2	Montagemangel
3	fehlerhafte Ware
4	schlechte Qualität
5	Rechtsmangel
6	nicht eingehaltene Werbeaussage
7	falsche Ware

Das neue Ultraschallgerät funktioniert nicht.

Die Abformmasse klumpt beim Anrühren.

Zahnarzt Dr. Winkler hat einen zerlegbaren Aktenschrank gekauft. Eine Anleitung zum Aufbauen fehlt.

Es wurden 200 Röntgenfilme bestellt, aber nur 150 geliefert.

Es waren rosa Karteikarten bestellt, aber es wurden blaue geliefert.

Das Reinigungs- und Desinfektionsgerät verbraucht 60 % mehr Wasser als im Katalog angegeben.

ZFA Petra kauft ein Auto. Es stellt sich heraus, dass das Auto gestohlen war.

5. Lösen Sie das Rätsel. Das senkrechte Lösungswort ist ein anderes Wort für „Gewährleistung“. (ü = ue usw.)

1 Bezeichnet den Rückgriff eines Schadensersatzpflichtigen auf einen Dritten.

2 Wie nennt man ungebrauchte Dinge, die verkauft werden sollen?

3 Ein Mangel, der nicht sofort erkannt werden kann, ist ...

4 Ein Rechtsgeschäft, das Unternehmen untereinander abschließen.

5 Im Streitfall muss nicht der Käufer beweisen, dass das Produkt Mängel hatte, sondern der Verkäufer muss beweisen, dass das Produkt bei der Übergabe mängelfrei war. Wie nennt man diese Regelung?

6 Wie heißt ein Kauf, wenn Käufer und Verkäufer nicht am selben Ort wohnen oder ihr Geschäft nicht im selben Ort haben?

7 Auf wie viele Jahre kann der Verkäufer beim Handelskauf lt. AGB die Gewährleistung für neue Sachen herabsetzen?

8 Wann muss ein Händler beim Handelskauf einen offenen Mangel rügen?

9 Wie viele Jahre muss der Verkäufer normalerweise für neue Produkte haften?

10 Wie heißt ein Kauf, wenn Käufer und Verkäufer am selben Ort wohnen oder ihr Geschäft haben?

11 Wie nennt sich der Verkauf einer beweglichen Sache durch einen Kaufmann (Unternehmer) an einen Verbraucher (Privatmann)?

12 Wie wird die Gewährleistung genannt, wenn sich der Hersteller verpflichtet, für eine bestimmte Zeit für Fabrikationsfehler zu haften?

13 Wie wird ein Mangel genannt, der offensichtlich ist?

14 Eine natürliche Person, die ein Rechtsgeschäft abschließt, das nicht gewerblichen Zwecken dient.

15 Was muss ein Händler unverzüglich mit der Ware tun, die er von einem anderen Händler erhalten hat?

16 Wie lautet der Oberbegriff für Reparatur oder Ersatzlieferung?

17 Second-Hand-Ware ist ...

Lösungswort:

Lernfeld 9

6. Prüfen Sie, ob und wie lange der Verkäufer in den genannten Fällen für Sachmängel haften muss.

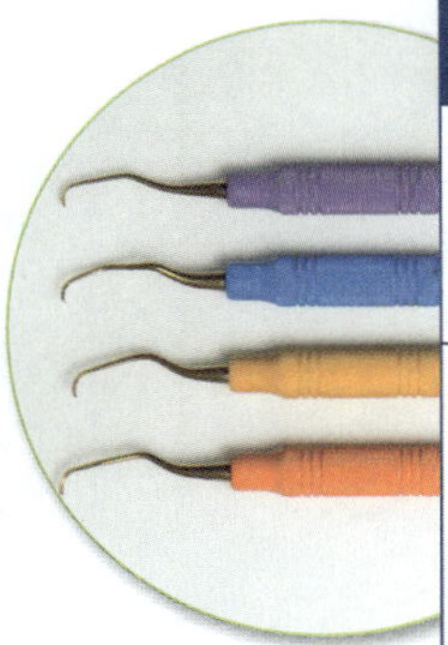

Beispiel	Muss der Verkäufer haften, wenn er den für sich günstigsten Fall ausgehandelt hat?	Dauer der Gewährleistung
Zahnarzt Dr. Walter kauft mehrere neue Scaler und Küretten. Nach sechs Monaten sind die Instrumente stumpf.		
Zahnärztin Dr. Schlote kauft für die Praxis einen neuen Monitor. Nach 7 Monaten hat der Monitor einen Kurzschluss verursacht und ist kaputt.		
ZFA Mia kauft bei einem Secondhand-Händler einen generalüberholten Laptop. Nach eineinhalb Jahren lässt sich der Akku nicht mehr aufladen.		
Ein Dentaldepot bekommt mehrere Beschwerden von Zahnärzten, dass die Lichter von bestimmten Winkelstücken innerhalb kurzer Zeit kaputt sind. Das Dentaldepot will den Lieferanten in Regress nehmen.		

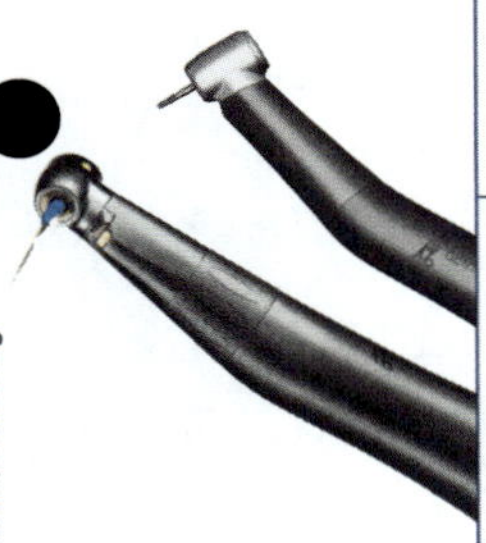

7. Welche Rechte hat ein Käufer bei mangelhafter Lieferung? Erläutern Sie jeden Begriff stichwortartig mit einem Beispiel.

Recht des Käufers	Beispiel
Ersatzlieferung	
Nachbesserung	
Preisminderung	
Rücktritt	
Schadenersatz	

8. Zahnärztin Dr. Sommer bestellt bei der Firma Illumi eine neue LED-Dentalleuchte. Als die Leuchte angebracht und eingeschaltet ist wird deutlich, dass das Licht zu wenig hell ist und einige der LEDs nicht funktionieren. Nutzen Sie unterstützend das BGB § 434 – § 476.

a. Was sollte Dr. Sommer tun bzw. welche Rechte hat sie?

____

____

____

____

b. Welche Kosten könnten nun entstehen und wer übernimmt die Kosten?

____

____

c. Eine neue Leuchte wird an die Praxis geliefert. Diese Leuchte zeigt jedoch das gleiche Problem wie die erste. Dr. Sommer ist sehr enttäuscht, jetzt will sie ihr Geld zurück – und zwar sofort. Welche rechtlichen Möglichkeiten hat sie?

____

____

d. Es ist kaum zu glauben, aber die zweite Ersatzleuchte ist wiederum defekt. Dr. Sommer hat jetzt keine Geduld mehr, zumal der ganze Ärger den Praxisablauf stört und sie zurzeit statt in drei Zimmern nur in zwei Behandlungsräumen behandeln kann. Welche nächsten Schritte kann sie einleiten?

____

____

____

____

____

Lernfeld 9

9. Bei Annahmeverzug des Käufers hat der Verkäufer grundsätzlich ein Recht auf Schadenersatz. Darüber hinaus kann er wählen, ob er
(a) auf Abnahme der Ware klagt,
(b) die Ware versteigert oder den Notverkauf wählt,
(c) vom Vertrag zurücktritt.

Überlegen Sie, welche Maßnahme in den folgenden Fällen angemessen wäre und ordnen Sie die dazugehörigen Kennbuchstaben (a, b oder c) zu.

Frau Wuchtig lässt sich von Zahnarzt Dr. Ahlers eine Bleachingschiene für 500 € anfertigen. Als die Schiene zur Abholung bereitliegt, hat sie es sich anders überlegt und ist der Meinung, dass ihre Zähne weiß genug sind. Wie reagiert der Zahnarzt? ◯

Zahnarzt Dr. Willig hat 25-jähriges Praxisjubiläum. Er erwartet viele Gäste und hat bei einem Partyservice das Buffet bestellt. Vor lauter Aufregung erleidet er zwei Stunden vor der Feier einen Herzinfarkt. Die Gäste werden ausgeladen, das Büffet abbestellt. Wie reagiert der Caterer? ◯

10. Zahnarzt Dr. Brandt hat ein Faxgerät bei der Firma Medimarket zum Sonderpreis von 299 € zur Lieferung innerhalb von vier Wochen bestellt. Fünf Wochen sind vergangen, das Faxgerät ist noch nicht geliefert. In der Zwischenzeit hat er mehrmals bei Medimarket angerufen; immer wieder wurde er vertröstet. Nun sind zwei Monate vergangen, er hat immer noch kein Faxgerät, dafür hat er bei der Firma Maximarket das gleiche Faxgerät für 255 € gesehen. „Ich hatte Kosten und Mühen, trotzdem ist es gut, dass Medimarket noch nicht geliefert hat“, sagt Dr. Brandt.

a. Wann beginnt der Lieferverzug in diesem Fall?

____

____

b. Wann hätte der Verzug bei einem Fixkauf begonnen und welchen Vorteil hätte Dr. Brandt gehabt?

____

____

c. Was will man durch die Nachfrist erreichen?

____

____

d. Dr. Brandt ist zufrieden. Der Firma Medimarket ist es nicht gelungen, das Faxgerät innerhalb der Nachfrist zu liefern. Was kann er jetzt tun?

____

____

11. Untersuchen Sie den geschilderten Fall auf Fehler. Markieren und nummerieren Sie die vier Fehler und berichtigen Sie diese anschließend.

Die Praxis Dr. Brandt hat am 15.06.20xx 20 Packungen Einmalkanülen zum Preis von insgesamt 199 € erhalten; die Rechnung, in der kein Zahlungsziel angegeben war, lag dem Päckchen bei. Am 20.07.20xx erhält die Praxis eine Mahnung, in der es heißt, dass die Praxis automatisch in Zahlungsverzug gekommen sei, weil sie nicht innerhalb von 30 Tagen gezahlt habe. Das Dentaldepot setzt der Praxis eine Nachfrist von einer Woche. Dr. Müller sagt zu seiner Verwaltungsassistentin: „Wir machen jetzt erst mal Betriebsferien, das hat Zeit, denn der eigentliche Zahlungsverzug beginnt erst nach der zweiten Mahnung. Als Dr. Brandt nach seinem Urlaub die Praxispost bearbeitet, findet er ein Schreiben des Dentaldepots. Die Firma verlangt die Zahlung der 199 € zuzüglich Zinsen und Bearbeitungsgebühr. Insgesamt soll Dr. Brandt nun 226 € zahlen. Der verärgerte Dr. Brandt sagt: „Das entscheide immer noch ich, wie es weitergeht.“ Dr. Brandt ruft bei seinem Vertragspartner an und sagt, er habe kein Interesse mehr an den Kanülen, weil er einen preiswerteren Anbieter gefunden habe. Er wolle jetzt die Kanülen zurückschicken und damit seien sie quitt.

____

____

____

____

____

____

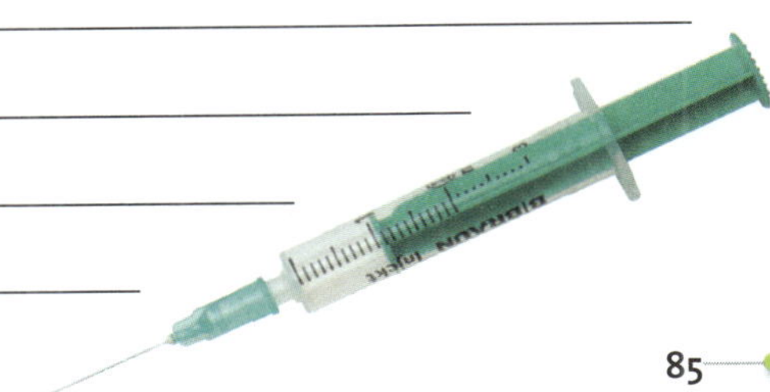

12. Wofür steht die Abkürzung AGB und welchen Vorteil bieten die AGB?

____

____

____

13. Welche Aussagen zu den AGB treffen zu?

- ○ Weil sie als „das Kleingedruckte“ bezeichnet werden, sind AGB ohne Lupe nicht lesbar.
- ○ Unangemessen lange Lieferfristen dürfen nicht Inhalt der AGB sein.
- ○ Bei Sachmängeln gelten grundsätzlich die Inhalte der AGB und nicht die des BGB.
- ○ In den AGB dürfen verkürzte Gewährleistungszeiten vereinbart werden.
- ○ Überraschende Klauseln in den AGB sind zulässig.
- ○ AGB sind immer automatisch Vertragsbestandteil.
- ○ Das BGB soll die Kunden vor Benachteiligung durch die AGB schützen.

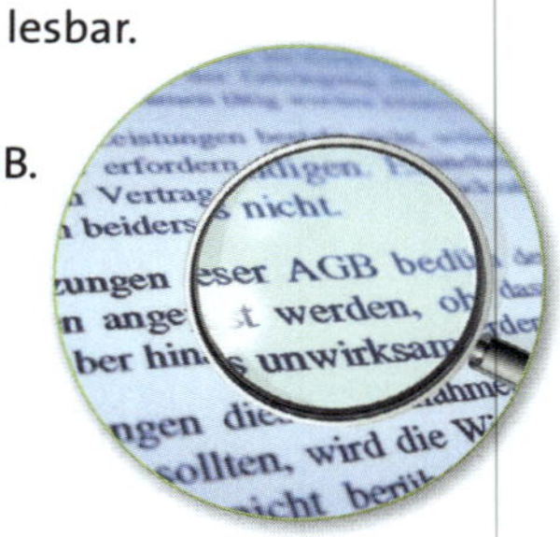

14. Welche Rechte haben die Geschädigten bei Kaufvertragsstörungen? Ergänzen Sie die Schaubilder.

- [ ]
  - Rechte des Verkäufers
    - [ ]
      - ohne Nachfristsetzung
        - [ ]
      - [ ]
        - Rücktritt vom Vertrag, Rücknahme der Ware und ggf. Schadenersatz

- Lieferverzug
  - [ ]
    - Der Käufer kann wählen
      - [ ]
        - Verlangen der Lieferung und ggf. Schadenersatz verlangen
      - nach Verstreichen der Nachfrist
        - [ ]

5

1. Wann gerät ein Schuldner nach dem Bürgerlichen Gesetzbuch (BGB) in Zahlungsverzug? Notieren Sie drei Sachlagen.

____

____

____

____

____

2. Wenn ein Patient trotz Zahlungserinnerung und schriftlichen Mahnungen nicht zahlt, besteht für den Gläubiger die Möglichkeit, das gerichtliche Mahnverfahren einzuleiten. Bringen Sie die Karten in die richtige Reihenfolge, indem Sie die Ziffern 1 bis 9 eintragen.

- ◯ Frau Wagner will sich damit nicht beschäftigen und reagiert 14 Tage nicht.
- ◯ Dr. Brandt füllt den Antrag aus und schickt ihn an das Mahngericht.
- ◯ Dr. Brandt beantragt, dass die Schulden mit staatlicher Hilfe eingetrieben werden.
- ◯ Das Mahngericht schickt Frau Wagner einen Mahnbescheid zu.
- ◯ Zahnarzt Dr. Brandt besorgt sich einen Antrag auf Erlass eines Mahnbescheides.
- ◯ Wenn Frau Wagner ihre Schulden immer noch nicht zahlt, werden die gepfändeten Dinge versteigert.
- ◯ Der Gerichtsvollzieher ist berechtigt, die Tauchausrüstung und einen Pelzmantel mitzunehmen.
- ◯ Frau Wagner hat wieder 14 Tage nicht reagiert. Sie bekommt Besuch vom Gerichtsvollzieher. Sie versichert ihm, die Rechnung nicht begleichen zu können.
- ◯ Das Mahngericht informiert Frau Wagner darüber, dass ein Gerichtsvollzieher Kontakt zu ihr aufnehmen wird.

3. Was geschieht, wenn der Schuldner im Verlauf des gerichtlichen Mahnverfahrens fristgerecht Einspruch erhebt?

____

____

____

____

4. Wenn es zur Zwangsvollstreckung kommt ...

Wer führt sie durch?	Wie lautet eine andere Bezeichnung für die Zwangsvollstreckung?	Was geschieht mit den gepfändeten Gegenständen?
____________	____________	____________

5. Was versteht man unter dem Begriff Verjährung?

____

____

6. Satzalarm!
Hemmung und Neubeginn der Verjährung sind zwei Begriffe, die im Zusammenhang mit den Verjährungsfristen eine wichtige Rolle spielen. Die Sätze zur Erklärung sind durcheinander gepurzelt. Bringen Sie diese wieder in die richtige Reihenfolge.

für einen bestimmten Zeitraum.	Bei der Hemmung	Beim Neubeginn	des Neubeginns.
läuft die	um die Dauer der Hemmung.	ruht der Verjährungsablauf	
verlängert sich	Die Verjährungsfrist	beginnend mit dem Tag	Verjährungsfrist neu an,

____

____

____

____

7. Wann endet die Verjährungsfrist im folgenden Fall?
Am 03.06.2021 entsteht die Forderung eines Kieferorthopäden an die Eltern von Jasper W.

a) Wann beginnt und wann endet die normale Verjährungsfrist?

Beginn der Verjährungsfrist: ________________ Ende der Verjährungsfrist: ________________

Am 15.05.2023 erhalten die Eltern von Jasper einen Mahnbescheid, gegen welchen die Eltern vergeblich Einspruch erheben. Die Verhandlungen über den Einspruch dauern bis zum 15.10.2024.

b) Benennen Sie die einzelnen Ereignisse.

03.06. 2021			15.10. 2024
31.12. 2021			31.12. 2024
15.05. 2023			31.07. 2025

Lernfeld 9

1. Nennen Sie bitte vier Vorteile und vier Nachteile einer umfangreicher Lagerhaltung.

Vorteile	Nachteile

2. Eine ZFA bestellt bei einem Dentaldepot Silikonabformmaterial. Eine 900-ml-Dose kostet 31,82 €. Um die Kosten der Lagerhaltung zu berücksichtigen, erhebt die Praxis bei der Berechnung der Materialkosten für Silikonabformmaterial einen Lagerzuschlag von 15 % des Bezugspreises.
Mit wie viel Euro wird eine Dose berechnet?

3. Unterstreichen Sie im folgenden Text die Stellen, an denen sich die Zahnmedizinische Fachangestellte bei der Annahme einer Lieferung nicht korrekt verhält und formulieren Sie die richtige Handlungsweise.

Susi Sorglos ist allein in der Rezeption, die Sprechstunde beginnt erst in 15 Minuten.
Ein Lieferant bringt drei Kartons mit bestellten Waren in die Praxis. Susi will dem Lieferanten nicht zu viel Arbeit machen und quittiert die Lieferung deshalb einfach. Sie bringt die Kartons in das Lager. Dabei fällt ihr auf, dass die Unterseite eines Kartons eingerissen ist „Na ja, kann ja mal passieren," denkt sie sich, unternimmt aber nichts weiter.
Im Lager öffnet sie einen Karton, den beiliegenden Zettel darin legt sie beiseite und beginnt mit dem Einsortieren der Lieferung. Sie schiebt die Restbestände nach hinten um Platz zu schaffen und räumt die neuangeleiferten Waren davor ein. Den Rest kann sie nicht erledigen. Wenig später wird sie von einer wenig begeisterten Kollegin gerufen, die einiges anzumerken hat.

4. Was bedeuten die drei Begriffe im Zusammenhang mit der Bestellung neuer Materialien?

Mindestbestand:	Meldebestand:	Höchstbestand:

5. Das Team einer Zahnarztpraxis will die Lagerhaltung optimieren. Es war in letzter Zeit immer wieder zu Engpässen gekommen, einige andere Dinge waren wegen des Überschreitens der Haltbarkeit nicht mehr zu verwenden. Unter anderem ging es dabei um das Anästhetikum. Der Praxisinhaber legt fest, dass aus Kostengründen nicht mehr als 500 Ampullen gelagert werden sollen. Der Mindestbestand von 40 Stück soll nicht unterschritten werden. Das Team errechnet, dass an einem Tag im Durchschnitt zwanzig Ampullen verbraucht werden. Eine Lieferung neuer Ware dauert 3 Tage. Die Lieferung soll eintreffen, bevor der Mindestbestand angebrochen werden muss.
Wie hoch muss der Meldebestand sein?

6. Bei der Einlagerung von neu angeliefertem Material ist einiges zu beachten.
Markieren Sie Zusammengehörendes mit derselben Farbe.

- als solche gekennzeichnet sein.
- gehören in abschließbare Schränke und Schubladen.
- ist in einem besonders gekennzeichneten Bereich zu lagern.
- nach hinten bzw. unten gelegt.
- Temperaturempfindliche Materialien müssen ...
- müssen in ein dafür vorgesehenes Buch eingetragen werden.
- Neue Artikel werden ...
- Feuergefährliche Flüssigkeiten müssen ...
- Steriles ...
- Materialien, die unter das Medizinproduktegesetz fallen ...
- Arzneimittel ...
- in einem separaten Kühlschrank aufbewahrt werden.

7

1. Ergänzen Sie bitte die Übersicht über die verschiedenen Zahlungsarten.

Zahlungsmöglichkeiten

Barzahlung	______	______
______	Nur einer (Zahler oder Empfänger) hat ein Konto.	______
• ______ • Geldversand der Postbank • Einschreibebrief • Express-Brief	• Empfänger hat das Konto: Der zu zahlende Betrag wird in ______ eingezahlt und ein ______ ausgefüllt. • Zahler hat das Konto: Empfänger erhält einen ______.	• Überweisung • ______ • ______ ______ • ______ • Zahlung mit Karten: – Girokarte / EC-Karte – ______ – ______

2. Warum ist es wichtig, sich als Beweis der Zahlung einen Kassenbon oder eine Quittung aushändigen zu lassen?

Lernfeld 9

3. Eine ZFA aus der Praxis von Dr. Harald Kaufmann kauft im Schreibwarenladen Jürgens in Hamburg am 12.07. dieses Jahres Druckerpatronen für die Praxis und bekommt dort eine Quittung ausgehändigt, an der ihr sofort etwas auffällt.

In welchen Feldern sind die Eintragungen nicht korrekt? Streichen Sie die falschen Eintragungen durch und schreiben Sie das Richtige daneben.

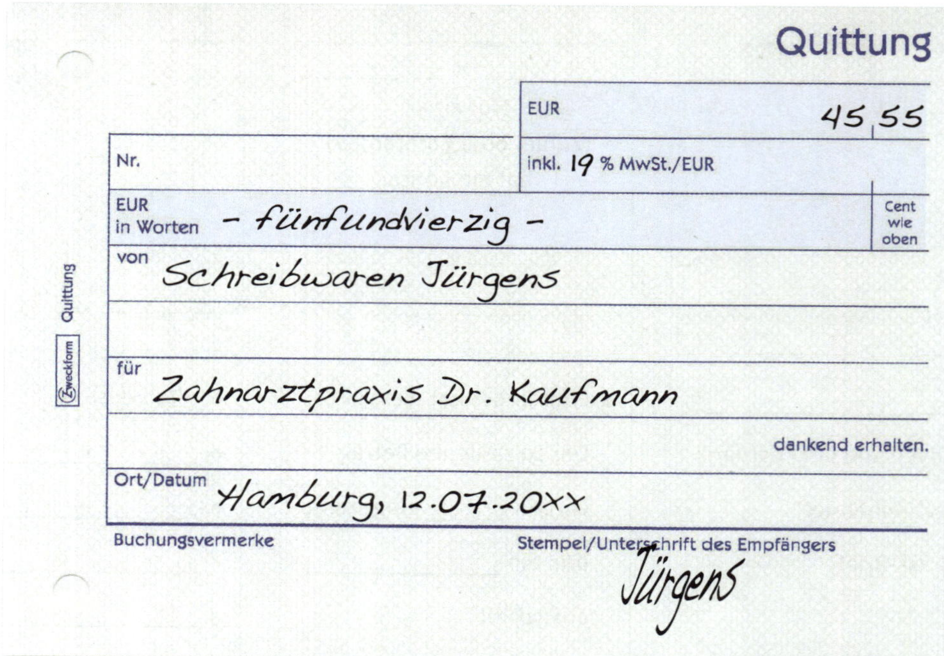
Quittung

EUR 45,55

Nr.

inkl. 19 % MwSt./EUR

EUR in Worten – fünfundvierzig –   Cent wie oben

von Schreibwaren Jürgens

für Zahnarztpraxis Dr. Kaufmann

dankend erhalten.

Ort/Datum Hamburg, 12.07.20xx

Buchungsvermerke

Stempel/Unterschrift des Empfängers Jürgens

Zweckform Quittung

4. Ergänzen Sie die Lücken im Text, indem Sie die eingekreisten Begriffe einfügen.
Achtung: Die Begriffe können zum Teil auch mehrmals benutzt werden.

Zahlschein · Geldinstitut · Barscheck · abgebucht · Bargeld · Konto · Einzahlungsquittung

Bei der halbbaren Zahlung sind sowohl ein Konto als auch ________________ im Spiel. So kann der Zahler zur Begleichung einer Zahlungsverpflichtung Bargeld bei einem ________________ einzahlen. Dafür muss er einen ________________ ausfüllen und er erhält eine ________________________.
Der Betrag wird dem Zahlungsempfänger auf seinem ____________ gutgeschrieben.
Eine andere Möglichkeit – wenn auch etwas veraltet – der halbbaren Zahlung wäre, dass der Zahler einen ______________ ausfüllt und diesen dem Zahlungsempfänger übergibt. Der Empfänger erhält gegen Vorlage des Schecks ______________, der Betrag wird vom ____________ des Zahlers ______________.

5. Welche Aussagen zum Girokonto sind nicht richtig? Streichen Sie die „falschen Kästchen“ durch.

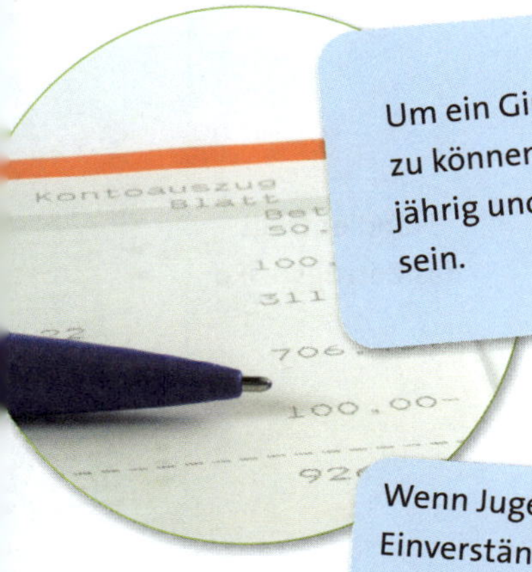

Um ein Girokonto eröffnen zu können, muss man volljährig und geschäftsfähig sein.

Durch eine Unterschrift bei der Eröffnung eines Girokontos wird die Bank ermächtigt, bei der Schufa Auskünfte über den Kontoinhaber einzuholen.

Alle Geldinstitute führen Girokonten immer kostenlos, die Kontoinhaber müssen also keine Gebühren zahlen.

Wenn Jugendliche mit dem Einverständnis ihrer Erziehungsberechtigten einen Ausbildungsvertrag unterzeichnen, können sie eigenständig ein Girokonto eröffnen.

Auch jugendliche Kontoinhaber können grundsätzlich einen Kredit erhalten.

Wenn ein Girokonto überzogen wird, muss man dafür Zinsen zahlen.

6. Eine Zahnärztin erhält von einer Versicherung das unten abgebildete Formular.

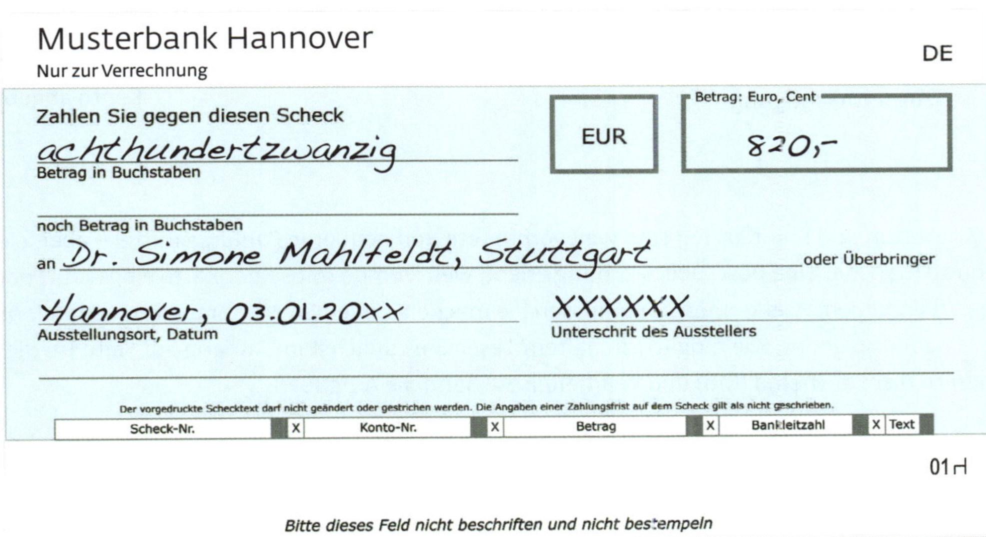

Musterbank Hannover

Nur zur Verrechnung

DE

Zahlen Sie gegen diesen Scheck

achthundertzwanzig

Betrag in Buchstaben

EUR

Betrag: Euro, Cent

820,–

noch Betrag in Buchstaben

an Dr. Simone Mahlfeldt, Stuttgart oder Überbringer

Hannover, 03.01.20XX

Ausstellungsort, Datum

XXXXXX

Unterschrit des Ausstellers

Der vorgedruckte Schecktext darf nicht geändert oder gestrichen werden. Die Angaben einer Zahlungsfrist auf dem Scheck gilt als nicht geschrieben.

Scheck-Nr.	X	Konto-Nr.	X	Betrag	X	Bankleitzahl	X	Text

01H

Bitte dieses Feld nicht beschriften und nicht bestempeln

a. Um was handelt es sich?

____

b. Was muss damit geschehen, damit die Zahnärztin ihr Geld erhält?

____

____

____

7. Bei der Zahlung mit der Girokarte gibt es das Electronic-Cash-Verfahren und das elektronische Lastschriftverfahren. Markieren Sie Zusammengehörendes mit jeweils der gleichen Farbe.

SEPA Lastschrift

Überprüfung, ob das Konto gedeckt ist

POS

Händler trägt das Betrugsrisiko

Empfänger hat Zahlungsgarantie

PIN

Unterschrift

girocard

kostengünstiger

V PAY

keine direkte Zahlung

Nicht ohne Risiko für den Käufer

elektronisches Lastschriftverfahren mit Einzugsermächtigung

Betrag wird innerhalb von Sekunden direkt vom Konto abgebucht

8. Girokarten und Kreditkarten sind weit verbreitete und bequeme Zahlungsmittel – aber leider hat schon so mancher eine böse Überraschung erlebt, weil Fremde mit seiner Karte eingekauft oder Bargeld abgehoben haben. Was können oder müssen Sie machen, um einen Missbrauch zu verhindern bzw. den Schaden so gering wie möglich zu halten? Lesen Sie zunächst im Anhang auf Seite 110 die Informationen zu diesem Thema (M8) und bearbeiten Sie dann die Aufgaben.

a. Sie haben eine neue Girokarte mit einer neuen PIN bekommen. Welche grundsätzlichen Vorsichtsmaßnahmen müssen Sie bezüglich Ihrer Karte und der PIN einhalten?

____

____

b. Wie verhalten Sie sich beim Abheben von Bargeld an Geldautomaten?

____

c. Sie stellen fest, dass Ihre Girokarte weg ist. Was müssen Sie sofort veranlassen und wie gehen Sie dabei vor?

____

9. Daueraufträge und Lastschrifteinzugsverfahren kommen im bargeldlosen Zahlungsverkehr relativ häufig vor. Verbinden Sie die Aussagen mit der entsprechenden Art der Zahlung.

Dauerauftrag

Lastschrifteinzugsverfahren

Dafür benötigt man ein Girokonto.

Bei fehlerhaften Abbuchungen kann man die Bank anweisen, den Betrag wieder zurückzubuchen.

Für die Zahlung von Beträgen, die immer die gleiche Höhe haben und regelmäßig an den gleichen Empfänger gezahlt werden.

Geeignet für sich wiederholende Zahlungen in unterschiedlicher Höhe.

10. Wenn Sie in der Verwaltung einer Zahnarztpraxis tätig sind, müssen Sie häufig auch die Abwicklung verschiedener Zahlungsvorgänge übernehmen. Was ist dann zu tun? Setzen Sie die entsprechenden Ziffern der Zahlungsvorgänge in die kleinen Kreise.

1 = Dauerauftrag ändern | 2 = Einzugsermächtigung widerrufen | 3 = Überweisung ausfüllen | 4 = neuen Dauerauftrag anlegen | 5 = neue Einzugsermächtigung erteilen

Rechnung des Dentaldepots für die letzte Lieferung bezahlen.

Miete für die Praxisräume wurde erhöht.

Stromanbieter wurde gewechselt.

Netzbetreiber für das Praxistelefon wurde gewechselt.

Rechnung eines Malerbetriebes begleichen.

Der Chef hat eine Garage angemietet – Zahlung der monatlichen Miete veranlassen.

Zahlung des neuen Abonnements für die Zeitschriften im Wartezimmer veranlassen.

11. Zahnarzt Dr. Selms hat die abgebildete Rechnung vom Malerbetrieb Weiß erhalten. Kontodaten von Dr. Selms sind wie folgt:
IBAN: DE73 5005 0302 1251 1198 63,
BIC: HELADEFF822.

Füllen Sie die Überweisung unter Verwendung der Ihnen bekannten Daten aus.

Malerbetrieb Weiß | Bunte Str. 1 | 12345 Farbenstadt

Herr
Dr. Peter Selms
Bahnhofstraße 111
24421 Pinneberg

Rechnungsdatum: 18.09.20XX
Liefer- bzw. Leistungsdatum: 17.09.20XX
Ust-IdNr.: DE123456789

Rechnung Nr. 12345

Wir bedanken uns für die gute Zusammenarbeit uns dtellen Ihnen vereinbarungsgemäß folgende Lieferungen und Leistungen in Rechnung:

Nr.	Bezeichnung	Menge	Einzel/€	Gesamt/€
1	qm Malerarbeiten	77	3,00 €	231,00 €
2	pausch. Abdeckung von Bodenflächen und Möbeln	1	50,00 €	50,00 €
		Summe netto		281,00 €
		Umsatzsteuer 19 %		53,39 €
		Rechnungsbetrag		**334,39 €**

Der Rechnungsbetrag ist bis zum 30.09.20XX fällig.

Bitte überweisen Sie den Rechnungsbetrag ohne Abzüge auf unser Bankkonto.

Telefon: 04123/98 76 54
Fax: 04123/98 76 55
Email: maler@weiss.com
Web: www.malerweiss.com

Malerbetrieb Weiß
Postbank
IBAN: DE65 8546 3217 0002 7543 68
BIC: PENKDEF

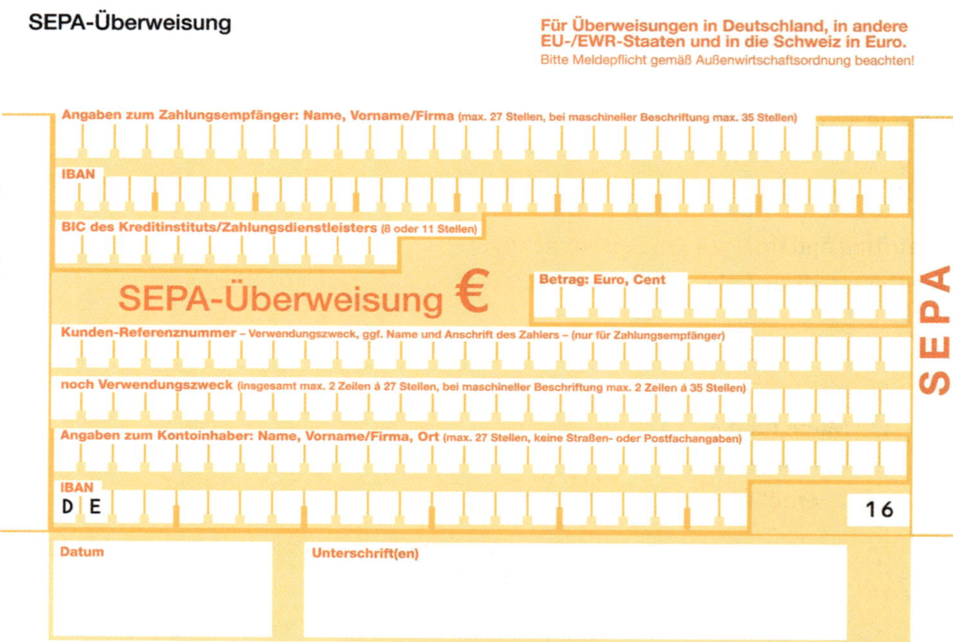
SEPA-Überweisung

Für Überweisungen in Deutschland, in andere EU-/EWR-Staaten und in die Schweiz in Euro.
Bitte Meldepflicht gemäß Außenwirtschaftsordnung beachten!

Angaben zum Zahlungsempfänger: Name, Vorname/Firma (max. 27 Stellen, bei maschineller Beschriftung max. 35 Stellen)
IBAN
BIC des Kreditinstituts/Zahlungsdienstleisters (8 oder 11 Stellen)
SEPA-Überweisung €
Betrag: Euro, Cent
Kunden-Referenznummer – Verwendungszweck, ggf. Name und Anschrift des Zahlers – (nur für Zahlungsempfänger)
noch Verwendungszweck (insgesamt max. 2 Zeilen à 27 Stellen, bei maschineller Beschriftung max. 2 Zeilen à 35 Stellen)
Angaben zum Kontoinhaber: Name, Vorname/Firma, Ort (max. 27 Stellen, keine Straßen- oder Postfachangaben)
IBAN
D E
16
SEPA
Datum
Unterschrift(en)

12. Kreuz und quer durch den Zahlungsverkehr – schreiben Sie die passenden Begriffe auf die freien Linien.

Online-Bezahldienst, der zur Begleichung von Mittel- und Kleinbeträgen zum Beispiel beim Ein- und Verkauf im Online-Handel genutzt werden kann. ______________________

Mit dieser Karte kann man an automatisierten Kassen bargeldlos zahlen, bis der aufgeladene Betrag verbraucht ist. ______________________

Diese Karte eignet sich weltweit für bargeldloses Bezahlen. ______________________

Die bestellte Ware wird erst dann vom Postboten ausgehändigt, wenn er vom Empfänger den zu zahlenden Betrag erhalten hat. ______________________

So lautet die Abkürzung für Überweisungen im einheitlichen europäischen Zahlungsraum. ______________________

Die Erledigung von Bankgeschäften am Computer von zu Hause bezeichnet man mit diesem Begriff. ______________________

8

1. Finden und markieren Sie die 14 im Rätselfeld versteckten Fachbegriffe aus Lernfeld 9.

	A	B	C	D	E	F	G	H	I	J	K	L	M	N	O	P	Q	R	S	T	U
1	V	D	W	E	S	T	E	R	W	A	K	R	E	D	I	T	K	A	R	T	E
2	L	G	I	R	O	K	A	R	T	E	J	I	X	W	P	D	S	D	R	T	T
3	L	O	B	H	U	D	Z	E	D	Y	U	I	P	B	T	U	Ü	S	O	R	Q
4	B	E	M	S	O	H	R	E	U	B	B	B	R	A	E	E	D	P	R	I	X
5	B	A	R	G	E	L	D	L	O	S	E	S	E	S	Q	M	E	A	A	N	P
6	K	C	J	Ö	C	Ü	B	E	R	W	E	I	S	U	N	G	N	R	A	I	N
7	V	E	R	R	E	C	H	N	U	N	G	S	S	C	H	E	C	K	G	B	T
8	Z	A	H	L	S	C	H	E	I	N	N	R	B	G	R	K	F	A	R	A	W
9	T	R	A	G	F	E	D	Z	G	E	T	G	R	Ä	X	S	D	S	T	R	N
10	B	A	R	Z	A	H	L	U	N	G	E	R	I	S	E	R	F	S	Z	S	I
11	B	U	N	T	R	E	I	S	E	S	C	H	E	C	K	F	D	E	R	C	E
12	F	A	Q	O	I	D	A	U	E	R	A	U	F	T	R	A	G	T	R	H	V
13	I	B	B	R	U	G	F	R	H	J	T	H	A	D	D	M	O	D	E	E	F
14	B	I	L	A	S	T	S	C	H	R	I	F	T	Q	W	E	R	T	Z	C	I
15	H	O	M	E	B	A	N	K	I	N	G	D	X	H	Y	Q	E	R	T	K	G

2. Ordnen Sie die gefundenen Wörter den dazugehörigen Erklärungen zu.

- Die Bank wird beauftragt, regelmäßig gleiche Beträge an einen bestimmten Empfänger zu überweisen.
- Tätigen einer Zahlung ohne Münzen oder Geldscheine.
- Ein weltweit akzeptiertes, sicheres Zahlungsmittel.
- Zahlungsempfänger veranlasst die Übertragung eines Geldbetrages auf sein Konto.
- Eine weltweit einsetzbare Karte zur Zahlung von Waren und Dienstleistungen.
- Der Nachfolger der auslaufenden EC-Karte.
- Kreditinstitut in besonderer Trägerschaft.
- Aus der Mode gekommenes Wertpapier. Der Überbringer bekommt gegen Vorlage Bargeld ausgezahlt.
- Zahlung mit Geld, das man sehen und anfassen kann.
- Käufer zahlt bar auf das Konto des Verkäufers.
- Das Abwickeln von Bankgeschäften mittels Telefon, Fax oder Computer.
- Bei diesem Wertpapier wird der Betrag dem Konto des Inhabers gutgeschrieben.
- Früher wurde diese Versendungsform Eilbrief genannt.
- Übertragung von Geld von einem Konto zu einem anderen Konto. Veranlasser ist der Zahler.

Lernfeld 9

3. Gesucht werden Begriffe rund um den Kaufvertrag. Die Zahlen und Umschreibungen sollen Ihnen helfen, den richtigen Begriff zu finden. Eine Zahl steht immer für den gleichen Buchstaben.

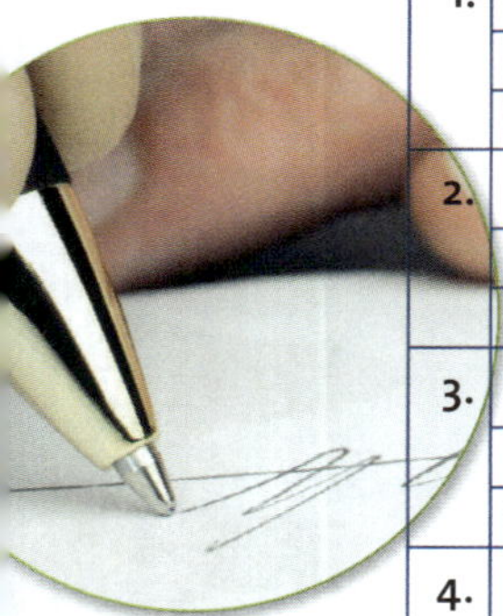

1.	A	N	F	R	A	G	E														
	15	17	13	9	15	18	12														
	Hast du mal …																				
2.																					
	5	15	19	3	6	17	18	24	2	12	16	14	17	18	6	17	18	12	17		
	Auf diese Art lassen wir die Kasse klingeln.																				
3.																					
	3	14	12	13	12	9	22	12	9	5	6	18									
	Wer zu spät kommt, den bestraft nicht nur das Leben, sondern auch das Gesetz.																				
4.																					
	22	12	9	20	15	23	11	6	17	18	24	11	1	24	21	12	17				
	Eigentlich für den Mülleimer und dennoch zu bezahlen.																				
5.																					
	17	15	23	19	13	9	14	24	21												
	Jeder sollte noch mal eine Chance bekommen.																				
6.																					
	20	9	12	14	24	17	15	23	19	3	15	24	24								
	Man bekommt es oft zum Saisonende.																				
7.																					
	22	12	9	5	6	18	24	5	14	17	24	12	17								
	Geld kostet Geld.																				
8.																					
	12	14	18	12	17	21	6	4	24	22	1	9	2	12	19	15	3	21			
	Das bleibt so lange meins, bis du gezahlt hast.																				
9.																					
	24	23	19	15	16	12	17	12	9	24	15	21	5								
	So leicht kommst du mir nicht davon.																				
10.																					
	12	9	13	27	3	3	6	17	18	24	1	9	21								
	Hier ist Leistung gefragt.																				
11.																					
	2	12	13	28	9	16	12	9	6	17	18	24	11	1	24	21	12	17			
	Beim Weihnachtsmann gibt es die nicht.																				
12.																					
	13	9	12	14	5	12	14	23	19	17	6	17	18	24	11	3	15	6	24	12	3
	Versprochen ist nicht immer versprochen.																				
13.																					
	27	2	12	9	12	14	17	24	21	14	4	4	6	17	18						
	Wenn zwei sich einig sind.																				

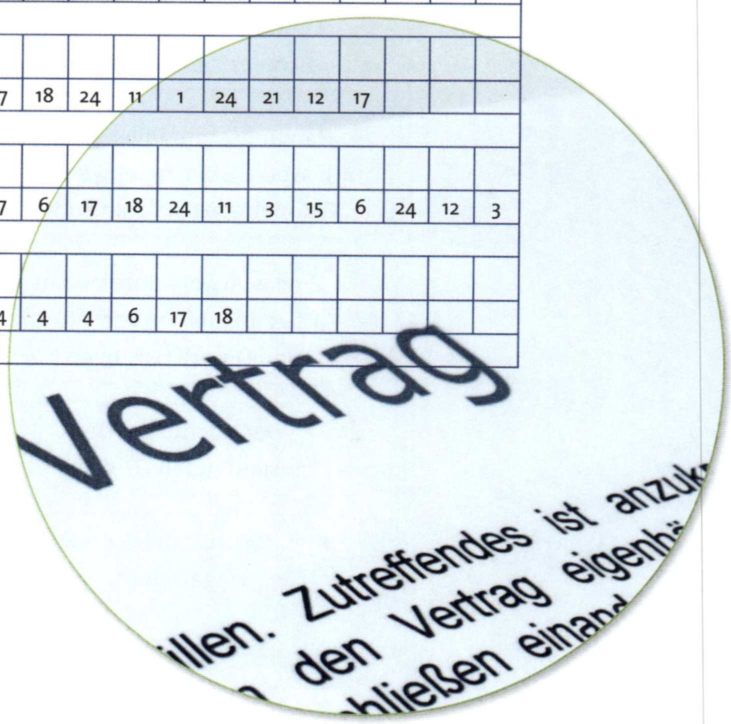

Lernfeld 9

M1

Praxisorganisation

Eine gute Organisation der Praxis ist ein wesentlicher Baustein des Erfolges. Dabei wirkt sich die Organisation auf den Erfolg verschiedener Bereiche aus. Praxisorganisation ist eine Voraussetzung, um bestimmte Qualitätsstandards zu erreichen und zu halten. Wenn klar ist, wer welche Kompetenzen hat, wer wofür zuständig ist und wie bestimmte Arbeiten ablaufen, reduziert sich der Stress für alle Teammitglieder und die Arbeitszufriedenheit erhöht sich. Wenn die Arbeitskraft jedes Praxismitarbeiters und die Arbeitsmittel optimal genutzt werden, kann eine Praxis wirtschaftlich arbeiten. Patienten sind deutlich zufriedener und haben größeres Vertrauen in eine Praxis, wenn sie diese als gut organisiert erleben.

Aufbauorganisation

Mit der Aufbauorganisation werden Aufgabenbereiche bzw. Funktionen (z. B. Verwaltung, Behandlungsassistenz, Abrechnung) innerhalb einer Praxis festgelegt und den verschiedenen Mitarbeitern zugeordnet. Weiterhin wird festgelegt, in welche Beziehung die verschiedenen Stellen zueinander stehen, d. h., wer ist wem gegenüber weisungsbefugt. Instrumente der Aufbauorganisation sind unter anderem

- das Organigramm einer Praxis,
- Stellenbeschreibungen.

Das Organigramm ist die übersichtliche grafische Darstellung des hierarchischen Aufbaus eines Unternehmens. In dem Organigramm wird deutlich, welche Stellen vorhanden sind und in welcher Beziehung diese zueinander stehen. In kleinen Betrieben findet man häufig das sogenannte Einliniensystem. Hier hat jeder Mitarbeiter einen Weisungsbefugten. Je größer und komplexer das Unternehmen wird, umso eher wird man zu einem Mehrliniensystem übergehen müssen, bei dem ein Mitarbeiter von mehreren Vorgesetzten Weisungen erhalten kann.

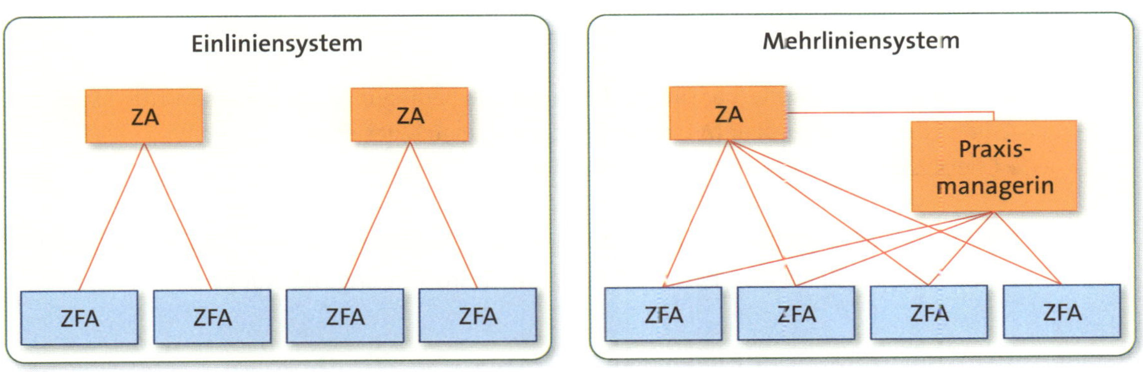

Stellenbeschreibungen. In einer Stellenbeschreibung wird festgehalten, welche Aufgaben mit dieser Stelle verbunden sind und wo die Stelle in der Hierarchie der Praxis angesiedelt ist. Zahnärztekammern bieten entsprechende Vorlagen an, diese müssen aber immer den Bedürfnissen der Praxis angepasst werden. Häufig findet man folgende Überschriften:

- Bezeichnung der Stelle
- Stundenumfang
- Unterstellung (wer ist dem Stelleninhaber gegenüber weisungsbefugt?)
- Überstellung (wem gegenüber ist der Stelleninhaber weisungsbefugt?)
- Vertretung (wer vertritt den Stelleninhaber bzw. wen muss er vertreten?)
- Ziele der Stelle
- Einzelaufgaben der Stelle

Stellenbeschreibungen schaffen große Klarheit in Bezug auf Aufgaben und Zuständigkeiten und dienen damit auch der Konfliktvermeidung. Sie sind ein Leitfaden für ein Bewerbungsgespräch.

Ablauforganisation

Mit der Ablauforganisation soll der Ablauf der zu erledigenden Aufgaben störungsfrei gestaltet werden, um die Qualität der Arbeit zu sichern, Kosten zu reduzieren, Terminsicherheit zu gewährleisten und das Betriebsklima zu fördern. Die Leitfrage ist also: Wie kann sichergestellt werden, dass die Arbeitsabläufe in immer gleicher Qualität ablaufen und alle Mitglieder über Abläufe und Vorgänge informiert werden?

Hierzu müssen drei Bereiche organisiert werden:
- die Behandlungsabläufe und Arbeitsabläufe in der Verwaltung,
- Zeiten bzw. Termine (siehe Zeitmanagement),
- Raumnutzung, um unter dem Aspekt der Arbeitswege und Ergonomie Aufgaben zusammenzuführen, Materiallager und Ablage zu organisieren.

Die wichtigsten Instrumente der Ablauforganisation sind neben dem Zeitmanagement Checklisten bzw. Ablaufbeschreibungen.

Checklisten sind Zusammenfassungen aller erforderlichen Tätigkeiten bei einer regelmäßig zu erledigenden Aufgabe. Bei einigen Checklisten ist es sinnvoll, dass jede Tätigkeit zur Kontrolle abgehakt wird (z. B. Erneuerung von Entwicklungsflüssigkeiten). Eine Variante der Checkliste ist die Zusammenstellung von Instrumenten und Materialien für bestimmte Behandlungen, mit der sich die ZFA in der Vorbereitung selbst kontrollieren kann.

Checklisten haben viele Vorteile:
- An „schlechten Tagen" ermöglichen sie jedem Mitarbeiter, sich noch einmal zu vergewissern, dass man nichts vergessen hat.
- Sie erleichtern die Arbeit, wenn Tätigkeiten nicht so häufig durchgeführt werden oder man eine Kollegin vertritt, die diese Tätigkeiten ansonsten erledigt.
- Für Mitarbeiter in der Einarbeitungsphase oder beim Erlernen neuer Tätigkeiten sind Checklisten eine große Hilfe.
- Da Checklisten erweiterbar sind und veränderten Bedingungen angepasst werden können, ist in ihnen die Erfahrung aller Mitarbeiter festgehalten und gesichert.
- Checklisten zum Abzeichnen vermeiden Doppelerledigungen, Nachfragen und Versäumnisse.

Ablaufbeschreibungen sind deutlich komplexer als Checklisten, da hier komplette Arbeitsschritte beschrieben werden. Ablaufbeschreibungen sind Durchführungsanleitungen.

Anforderungen an Checklisten und Ablaufbeschreibungen

Checklisten und Ablaufbeschreibungen müssen
- vollständig, aktuell und den Praxisgegebenheiten angepasst sein,
- übersichtlich sein,
- die Punkte in einer zeitlich und räumlich sinnvollen Reihenfolge benennen,
- leicht zugänglich und bei häufigem Gebrauch unempfindlich sein.

Beispiele für Checklisten

- Vorbereitung zu Dienstbeginn
- Aufnahme eines neuen Patienten
- Tätigkeiten zum Dienstende
- Postein- oder Postausgang
- Arbeitsunfall
- Vorbereitung größerer Eingriffe (z. B. Implantologie, Endodontie, Präparation)

M2 Zeitmanagement

Durch Zeitmanagement wird die Zeit nicht mehr, aber mithilfe bestimmter Techniken und Hilfsmittel soll es gelingen, die Zeit besser zu nutzen und dadurch in der zahnmedizinischen Praxis

- die Arbeitszeit optimal zu nutzen,
- Wartzeiten für Patienten zu verkürzen und
- Geräte optimal auszulasten.

Grundsätze des Zeitmanagements

Zeitmanagement bedeutet, den persönlichen Umgang mit der Zeit effektiv zu strukturieren und zu planen. Fast allen Techniken sind dabei folgende Aspekte gemeinsam:

1. Am Anfang sollte man sich die Zeit nehmen, sich einen **Überblick** über die zu erledigenden Aufgaben zu verschaffen. Je mehr zu tun ist, umso eher sollte man die Aufgaben aufschreiben, z. B. in Form einer To-do-Liste. Einmal alles auf einem Zettel notiert und der Kopf ist frei.
2. Wenn klar ist, was zu tun ist, muss in einem nächsten Schritt entschieden werden, was **Priorität** hat und was eher nicht so wichtig ist und warten könnte. So wird sichergestellt, dass das Wesentliche auch gemacht wird.
3. Nicht vergessen sollte man, am Ende des Tages eine **Erfolgsbilanz** zu ziehen: Man führt sich vor Augen, was man geschafft hat und genießt den Erfolg. So kann man z. B. genussvoll alle erledigten Aufgaben von der To-do-Liste streichen. Nicht erledigte Aufgaben sind schriftlich festgehalten und werden auf den nächsten Tag übertragen.
4. Wichtig ist, sich nicht zu viel vorzunehmen. Nicht zu schaffen, was man sich vorgenommen hat, ist sehr demotivierend. Um sich seinen Erfolg nicht zu zerstören, sollte das eigene Leistungs- und Konzentrationsvermögen realistisch eingeschätzt und immer **„mit Luft" geplant** werden.

Diese Regeln des Zeitmanagements sind nicht nur bei der Arbeit eine Hilfe, auch eine Prüfungsvorbereitung lässt sich durch diese Grundsätze viel erfolgreicher bewältigen.

Die ABC-Analyse

Die in einer zahnmedizinischen Praxis anstehenden Aufgaben sind in der zur Verfügung stehenden Zeit manchmal kaum zu bewältigen. Ohne Weglassen, (Ab)Kürzen, Schwerpunktsetzung und Delegieren von Aufgaben an andere kommt man dann in der vorgegebenen Zeit nicht zum Ziel.

Aber was lässt man weg, was macht man zuerst, was kann auch jemand anderes erledigen? Die wichtigste Aufgabe besteht darin, Prioritäten zu setzen. Dies kann auf verschiedene Art und Weise geschehen. Gut geeignet ist die sogenannte ABC-Analyse. Dabei werden die in der To-do-Liste aufgeführten Aufgaben nach dem Kriterium ihrer Wichtig- bzw. Dringlichkeit eingeteilt.

Meistens werden drei Wichtigkeits- bzw. Dringlichkeitsstufen unterschieden, die mit den Buchstaben A, B oder C gekennzeichnet werden.

- A-Aufgaben: Alle Aufgaben, die wichtig und dringend sind.
- B-Aufgaben: Alle Aufgaben, die durchschnittlich wichtig, aber nicht sehr dringend sind.
- C-Aufgaben: Weniger wichtige Aufgaben.

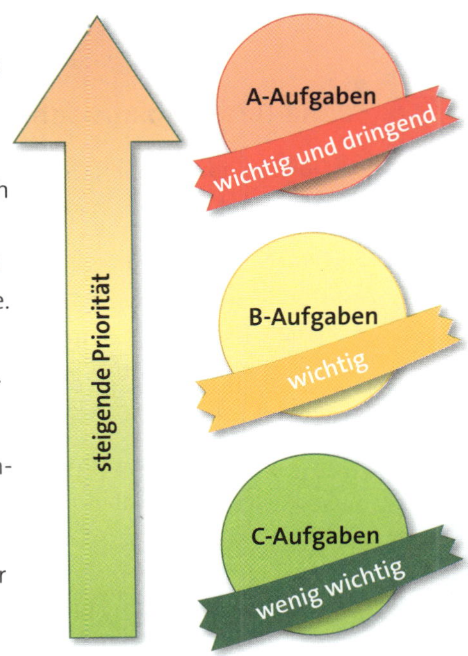

M3 Terminplanung in einer zahnmedizinischen Praxis

Offene Sprechstunden, in die Patienten ohne Termin kommen, sind in zahnmedizinischen Praxen sehr ungewöhnlich – hier werden Termine vergeben. Ein Patient geht dann davon aus, dass diese Termine auch eingehalten werden. Patienten wissen aber sehr wohl, dass die Behandlungsdauer nicht immer genau kalkulierbar ist und Umfragen haben ergeben, dass Wartezeiten von 15–30 Minuten durchaus akzeptiert werden.

Dass sich ein Patient auf einen Termin verlassen kann, ist ein Baustein zum Erfolg einer Praxis und hängt ganz wesentlich von der Organisation der Terminplanung ab.

Was ist bei einer Terminplanung zu bedenken?

In der Praxis muss zuverlässig erfasst werden, wie lange bestimmte Behandlungen durchschnittlich dauern und wie lange das Team zur Vor- und Nachbereitung einer Behandlung braucht. Auf dieser Grundlage wird die Dauer für bestimmte Behandlungen festgelegt. So können z. B. für die Kontrolluntersuchung bei einem bekannten Patienten 15 Minuten veranschlagt werden, bei einem neuen Patienten 30 Minuten. Die ZFA, die den Termin vergibt, muss sich daher ein genaues Bild davon machen, was bei dem Patienten behandelt werden muss. Die Dokumentation dieser Termine muss sauber und übersichtlich erfolgen und immer aktuell sein.

Die ganze Planung ist jedoch nur erfolgreich, wenn sich alle Mitglieder eines Praxisteams so weit wie möglich an die Zeitvorgaben halten. In der Praxis muss auch geklärt werden, wo und wie viele Pufferzeiten für „Notfallpatienten" oder unvorhersehbare Verzögerungen eingeplant werden.

Für den Fall der Fälle

Selbst bei gutem Zeitmanagement kann es immer wieder zu deutlichen Verzögerungen kommen. Wichtig ist dabei, dieses möglichst schnell dem Patienten mitzuteilen und die Wartezeit so angenehm wie möglich zu gestalten. Man kann z. B. dem Patienten anbieten, die Zeit mit Einkäufen zu überbrücken. Der Patient wird dann telefonisch benachrichtigt, wenn ein Beginn der Behandlung absehbar ist. Hat sich die Zeitverzögerung bereits sehr früh aufgebaut, kann der Termin evtl. verschoben werden.

Die Termindokumentation – Terminbuch oder Terminplaner im PC?

Ob eine Praxis ein Terminbuch oder eine computergestützte Terminverwaltung vorzieht, ist Geschmackssache. Für beides gilt: die Termindokumentation muss aktuell, übersichtlich und sauber sein.

Das Terminbuch kann diese Kriterien durchaus erfüllen, das hängt jedoch von der Sorgfalt der Mitarbeiter im Umgang mit dem Terminbuch ab. Die großen Vorteile sind, dass das Terminbuch unabhängig von einem Computersystem benutzbar ist und dass die Arbeit mit dem Terminbuch wenig Einarbeitung benötigt. Nachteilig ist, dass übersichtliche Tagespläne nicht ausgedruckt werden können und man die Termine eines Patienten nicht auf einem Blick erfassen kann.

Bei der Terminverwaltung über Computer ist die Sauberkeit garantiert, über Such- oder Verschiebefunktion kann Zeit eingespart werden und es können praktische Tagespläne ausgedruckt werden. Ein Ausfall des Computersystems macht den Zugriff auf die Termine jedoch unmöglich. Die Arbeit mit computergestützter Terminverwaltung benötigt zudem eine umfangreichere Einarbeitung.

M4

Konflikte

Konflikte gehören zum Alltag menschlichen Zusammenlebens und damit in den Alltag einer zahnmedizinischen Praxis. Hier arbeiten unterschiedliche Menschen zusammen, die unterschiedliche Interessen und Werte, Bedürfnisse und Meinungen, Gefühle und Wahrnehmungen haben. Die ZFA möchte pünktlich Feierabend machen, der Zahnarzt den Patienten in Ruhe zu Ende behandeln; eine Mitarbeiterin wünscht einen bestimmten Umgang mit Patienten, während ihre Kollegin diese Vorstellung nicht teilt; eine junge Kollegin braucht viel Bestätigung und Lob, während andere Mitarbeiter dieses für übertrieben halten; eine Kollegin fühlt sich benachteiligt, weil sie glaubt, mehr arbeiten zu müssen als ihre Kolleginnen.

Verlauf eines Konfliktes

Beginn eines Konfliktes. Diese Probleme oder Verstimmungen werden erst zum Konflikt, wenn das Zusammenstoßen unterschiedlicher Haltungen nicht bewältigt werden kann und negative Gefühle wie Aggressionen, Wut oder Angst entstehen.

Häufig kann man im Anfangsstadium des Konfliktes zwei unterschiedliche Verhaltensweisen beobachten. Die einen kehren unter den Teppich, sie ignorieren, bagatellisieren oder verdecken den Konflikt. Der Konflikt wirkt aber im Verborgenen weiter – man nennt ihn daher latent und er kann jederzeit eskalieren. Die anderen fangen an ihre Interessen aggressiv zu verfolgen und strikt auf ihrer Position zu beharren und der Konflikt eskaliert ebenfalls.

Verlust der Empathie. Die Situation lädt sich zunehmend emotional auf, eine sachliche Diskussion über die Konfliktursache ist nicht mehr möglich. Der Blick auf die gegnerische Konfliktpartei verengt sich auf eine negative Perspektive.

Koalitionen und Drohungen. Um sich zu entlasten, suchen sich die Konfliktparteien Verbündete. Man beginnt, sich gegenseitig zu beleidigen und es kommt zu unfairen Schuldzuweisungen, häufig hinter dem Rücken der anderen. Am Ende werden offene Drohungen ausgesprochen.

Ziel Vernichtung. In den letzten Phasen eines Konfliktes existiert kein Interesse mehr an einer Lösung, sondern es geht den Beteiligten nur darum, Recht zu behalten. Drohungen werden in die Tat umgesetzt und es geht am Ende darum, den Gegner zu vernichten. Dabei wird in Kauf genommen, dass man selber Schaden nimmt.

Materialien

Konfliktlösungsstrategien

Natürlich kann ein Konflikt beendet werden, wenn sich die Konfliktparteien trennen oder eine Konfliktpartei sich unterordnet. Selten sind diese Formen der Konfliktbeendigung konstruktiv und sie haben immer mindestens einen Verlierer. In einer Praxis würde das z. B. Kündigung oder dauerhafte Störung des Betriebsklimas bedeuten.

Bei einer konstruktiven Konfliktlösung besteht das Ziel darin, eine Lösung zu finden, die beiden Seiten gerecht wird.

Voraussetzungen für eine konstruktive Konfliktlösung sind dabei folgende Punkte:

- Beide Partien sind an einer konstruktiven Lösung interessiert; an einer Lösung, aus der beide Parteien als Gewinner hervorgehen.
- Im Gespräch wird auf Drohungen („wenn du das nicht machst, dann …"), unzulässige Verallgemeinerungen („du machst das immer") und Beschuldigungen verzichtet.
- Die eigene Wahrnehmung wird nicht als die einzig richtige angesehen, denn sie ist durch die negativen Gefühle eingeschränkt. Man muss bereit sein, die Wahrnehmung der anderen Seite anzuhören und seine zu überprüfen.
- Eine „dritte" Partei, die das Vertrauen beider Seiten genießt, kann dazu beitragen, eine gemeinsame Sicht der Dinge zu erreichen.

Ich-Botschaft. Bei einer Konfliktklärung ist es von großer Bedeutung, dass Ihr gegenüber Ihnen zuhören und das Gesagte annehmen kann. Wichtig ist dafür, dass Sie von sich reden und nicht über den anderen.

- Statt „du machst immer …" beginnen Sie doch lieber mit „ich habe das so und so erlebt",
- statt „du behandelst mich wie …" lieber „da habe ich mich so und so gefühlt" und
- statt „mach' das nie wieder" lieber „für die Zukunft wünsche ich mir".

Man spricht von der „Ich-Botschaft", in diesem Fall in drei Schritten. Sie beschreiben,

- wie Sie den Konflikt erlebt haben (Erleben),
- wie Sie sich dabei gefühlt haben (Gefühle) und
- was Sie sich für die Zukunft wünschen (Wünsche).

Weitere Tipps fürs Konfliktgespräch:

- Führen Sie ein Konfliktgespräch nicht, wenn Ärger oder Wut noch ganz frisch sind. Vereinbaren Sie einen Termin, an dem Sie in Ruhe miteinander sprechen können.
- Bereiten Sie sich gut auf dieses Gespräch vor.
- Legen Sie zu Beginn des Gespräches das gemeinsame Ziel fest.
- Wühlen Sie nicht in alten Geschichten, richten Sie Ihre Aufmerksamkeit in die Zukunft. Stellen Sie sich und den anderen die Frage, wie es weitergehen kann, was jeder zur Konfliktbeendigung beitragen kann. Treffen Sie am Ende feste Vereinbarungen.
- Wenn der Konflikt schon sehr verhärtet ist, kann es sinnvoll sein, einen Moderator hinzuzuziehen, der auf die Einhaltung der Regeln und einen positiven Gesprächsverlauf achtet.

M5 Beschwerdemanagement

Der Begriff „Beschwerde" ist normalerweise negativ besetzt, dabei sind Beschwerden eigentlich ein positives Signal. Der sich beschwerende Patient zeigt, dass er Patient dieser Praxis bleiben möchte, nur wünscht er sich eine Veränderung. Etwa 70 % der unzufriedenen Patienten beschweren sich nicht, sondern bleiben einfach weg. Ein unzufriedener Patient wird laut Statistik etwa 10–12 Personen von seinen negativen Erfahrungen berichten. Es geht also nicht darum, so wenig Beschwerden wie möglich zu haben, sondern vielmehr darum, möglichst viele Patienten dazu zu bewegen, Beschwerden zu äußern. Durch die Bearbeitung von Beschwerden können Qualität und Patientenzufriedenheit gesteigert und Kosten durch Fehler vermieden werden.

Ein Beschwerdemanagement besteht aus vier Phasen:

- Anregen zur Beschwerde,
- Annehmen einer Beschwerde,
- Bearbeiten einer Beschwerde und
- Reagieren auf eine Beschwerde.

Anregen zur Beschwerde

Ziel ist es, die Patienten dazu anzuregen, ihre Beschwerden zu äußern und die Hemmschwelle zu senken. Im direkten Gespräch muss dem Patienten z. B. klar signalisiert werden, dass man seine Meinung hören möchte. Man kann sich aktiv nach Problemen erkundigen, indem man fragt: „War alles in Ordnung?" oder „Was können wir das nächste Mal besser machen?". Eine weitere Möglichkeit der Beschwerdestimulierung ist die schriftliche Patientenbefragung. Da sie anonym durchgeführt werden kann, ist hier die Hemmschwelle Ärgernisse zu äußern besonders gering. Hier sollten insbesondere die Bereiche abgefragt werden, die in einer zahnmedizinischen Praxis immer wieder zu Beschwerden führen (Wartezeiten, Zeit für Gespräche, Verhalten der Praxismitarbeiter gegenüber dem Patienten, Zufriedenheit mit dem Behandlungsergebnis). Patientenbefragungen sollten in regelmäßigen Abständen wiederholt werden.

Annehmen einer Beschwerde

Werden Beschwerden direkt geäußert, ist es wichtig, dass der Patient sich durch das Verhalten der Praxismitarbeiter ernst genommen und respektvoll behandelt fühlt. So sollte dem Patienten Gelegenheit gegeben werden seinem Ärger Luft zu machen und den Sachverhalt zu schildern. Die Praxismitarbeiter sollten den Patienten ausreden lassen und signalisieren, dass man Verständnis hat. Es geht nicht darum, Fehler ungeprüft zuzugeben, aber für die Unannehmlichkeiten des Patienten sollten sich die Praxismitarbeiter entschuldigen oder Bedauern äußern.

Die Lösung des Problems kann und muss in einigen Fällen gleich besprochen werden. In die Entwicklung der realistischen Lösung sollte der Patient einbezogen werden. Sind die Erwartungen des Patienten zu hoch, ist es wichtig, dem Patienten gut begründet zu erklären, was möglich ist.

Sehr häufig ist eine sofortige Lösung nicht zu erreichen. In diesem Fall wird dem Patienten die verbindliche Zusage gemacht, dass man sich um die Angelegenheit kümmert und wann die Praxis sich beim Patienten meldet bzw. ein erneutes Gespräch geführt werden kann.

Materialien

Eine Beschwerde sollte von den Praxismitarbeitern positiv angenommen werden, indem man sich z. B. dafür bedankt, dass der Patient so offen war und man um eine Lösung im Sinne des Patienten bemüht ist. Beschwerden sollten notiert werden, damit man sie nicht vergisst und sie an den Verantwortlichen weitergeben oder in der Teamsitzung besprechen kann.

Bearbeiten einer Beschwerde und Reagieren auf eine Beschwerde

Jede Beschwerde muss zügig und zuverlässig bearbeitet werden. Es wird festgelegt, wer zuständig ist und bis wann die Beschwerde bearbeitet sein muss.

Grundsätzlich gibt es mehrere Möglichkeiten der Reaktion auf eine Beschwerde:

- Information,
- Entschuldigung,
- materieller Ersatz,
- Schadensersatz oder
- Preisnachlass.

In der Auswertung sollte im Team überlegt werden, ob die Beschwerde eine Schwachstelle in der Arbeit des Teams aufgedeckt hat und wie solchen Beschwerden entgegengewirkt werden kann.

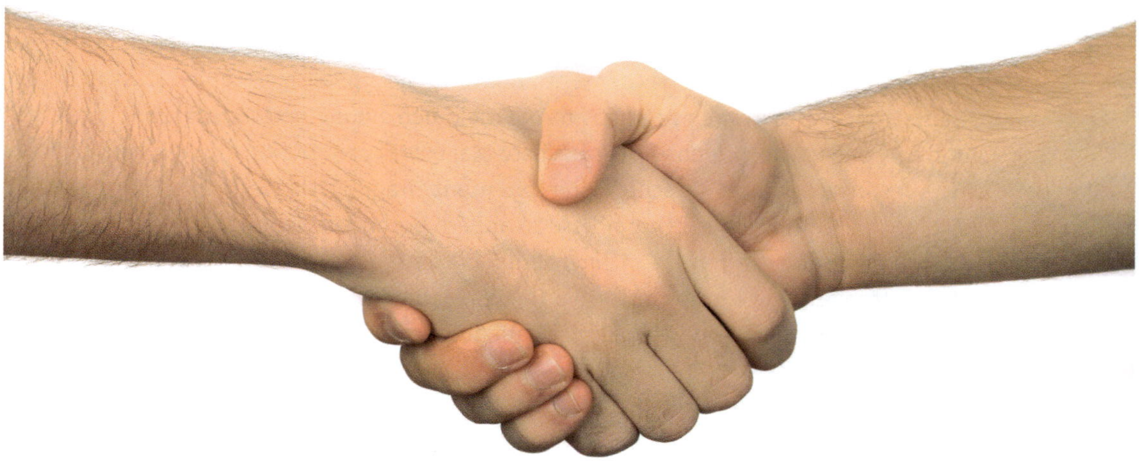

M6 Schriftgutablage

Das Papieraufkommen in einer Praxis hat sich trotz des Einsatzes von Computern nicht verringert, sondern ist ständig gewachsen. Um da nicht den Überblick zu verlieren, ist es wichtig Ordnung zu halten – in der Fachsprache heißt das Schriftgutablage oder Registratur. Eine gute Schriftgutablage zeichnet sich durch folgendes aus:

- Man kann schnell und sicher auf benötigte Informationen zugreifen.
- Das Schriftgut ist schnell und einfach einzusortieren.
- Schriftgut, das nicht mehr regelmäßig gebraucht wird, kann rechtzeitig und sinnvoll archiviert werden.
- Die Schriftgutablage muss kostengünstig und raumsparend sein.
- Sie muss den Ansprüchen der Datensicherheit genügen, d. h. Unbefugte dürfen keine Einsicht in Patientendaten haben.
- Nicht mehr aufbewahrungspflichtiges Schriftgut wird ausgesondert und vernichtet, um den Umfang der gesamten Schriftgutablage möglichst gering zu halten.

Um diese Aufgaben zu bewältigen, stehen verschiedene organisatorische Hilfsmittel zur Verfügung.

Hänge- bzw. Pendelregistratur

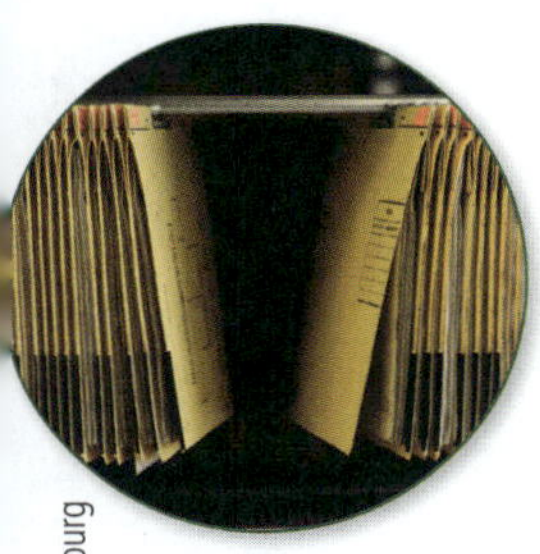

Hier hängen Hefter oder Taschen über beidseitigen Haken (vertikale Ablage) oder über einer einzelnen Aufhängevorrichtung in Spezialschränken. Dieses System hat viele Vorteile:

- Es ist vielseitig verwendbar.
- Über die Taschen ist eine zeitsparende ungeheftete Ablage möglich.
- Es ist sehr platzsparend.
- Über verschiedene Markierungsmöglichkeiten ist ein relativ schneller Zugriff gewährleistet.

Schränke müssen jedoch mit der Aufhängungsvorrichtung aufgerüstet werden und die Raumhöhe kann bei der Hängeregistratur nicht voll ausgenutzt werden, weil man von oben auf die Akten sehen muss. Werden die Akten umfangreicher, kommen Hänge- und Pendelregistraturen an ihre Grenzen.

Ordner

Ordner sind preisgünstig und bieten mit dem breiten Rücken gute Beschriftungsmöglichkeiten und damit Übersicht. Innerhalb eines Ordners lässt sich mit Trennblättern zusätzliche Übersicht schaffen. Ordner sind aber nicht sehr raumsparend; egal, wie voll der Ordner ist, er braucht immer den gleichen Platz. Da immer abgeheftet werden muss, ist die Ablage in Ordnern etwas zeitintensiver.
Ordner sind besonders gut für die Altablage geeignet.

Kassettenregistratur

Bei der Kassettenregistratur werden Einstellmappen in Kunststoffkassetten aufbewahrt. Diese Form der Ordnung ist besonders für große Mengen an dünnen Einzelakten geeignet. Der Raum kann gut ausgenutzt werden. Die mögliche Lose-Blatt-Ablage und das einfache Entnehmen bedeuten viel Zeitersparnis. Die Markierungsmöglichkeiten sind allerdings begrenzt.

Materialien

M7 Der Geschäftsbrief

In größeren Unternehmen steht normalerweise im Textverarbeitungsprogramm eine Vorlage für Geschäftsbriefe zur Verfügung. Dadurch wird sichergestellt, dass die Geschäftskorrespondenz einheitlich aussieht und alle notwendigen und vorgeschriebenen Angaben enthalten sind. Gibt es keine Vorlage, sollten Sie sich unbedingt eine solche erstellen. Ein Geschäftsbrief hat nach DIN 5008 (Schreib- und Gestaltungsregeln für die Textverarbeitung) folgenden Aufbau:

Briefkopf

Anschriftfeld

Informationsblock

(alternativ zur Bezugs- / Kommunikationszeile)

Bezugs- und Kommunikationszeile

Betreff

▪

▪

Anrede

▪

Briefinhalt

▪

Grußformel

▪

Unterschrift

▪

Name des Absenders

▪

▪

▪

Anlagen

Geschäftsangaben

Der Briefkopf ist individuell gestaltbar; in der Regel befinden sich hier Name und Logo der Praxis.

Anschriftfeld. Die Position des Anschriftfeldes: 5 cm unterhalb der oberen Blattkante und 2 cm von der linken Blattkante. So ist gewährleistet, dass sich die Anschrift innerhalb des Fensters im Umschlag befindet. Das Adress- oder Anschriftfeld hat 9 Zeilen. Die ersten drei Zeilen bilden die Zusatz- und Vermerkzone. Hier wird u. a. die Versendungsart wie z. B. „Einschreiben" direkt ohne Leerzeile über die Anschrift gesetzt.
Die Anschrift beginnt mit „Frau" oder „Herr". Berufs- und Amtsbezeichnungen werden zusammen mit der Anrede in einer Zeile geschrieben (z. B. „Herrn Rechtsanwalt"). Akademische Titel wie „Dr." stehen direkt vor dem Namen.
Steht zuerst der Name des Empfängers über der Firmenangabe, dann soll der Brief von dieser Person bearbeitet werden. Er kann aber durchaus von anderen Personen geöffnet werden. Wenn der Brief nur von der adressierten Person geöffnet werden soll, muss das Wort „persönlich" oder „vertraulich" vorangestellt werden.
Wird die Firma zuerst genannt, so kann der Brief von einem anderen Mitarbeiter geöffnet werden. Zusätze wie z. H. (zu Händen) spielen bei der Entscheidung, ob es sich um Privat- oder Geschäftspost handelt, keine Rolle. Der Ort ist nicht durch eine Leerzeile von der Straße getrennt, es sollte kein Stadtteil hinzugefügt werden und die Ortsangabe ist bei inländischen Briefen die letzte Zeile.

1	
2	
3	Einschreiben
1	Frau
2	Dr. Karen Wilkens
3	Praxis Gärtner und Förster
4	Sonnenweg 12
5	04861 Torgau
6	

Bezugs- und Kommunikationszeile bzw. Informationsblock. Durch die Bezugszeile mit den Stichwörtern „Ihr Zeichen", „Unser Zeichen", „Ihre Nachricht vom" und „Datum" wird übersichtlich dargestellt, wer wem geschrieben hat, auf welches Schreiben Bezug genommen wird und wann der Brief erstellt worden ist. Zusätzlich kann hier die Telefonnummer des Absenders angegeben werden.
Alternativ zur Bezugs- und Kommunikationszeile kann der Informationsblock gewählt werden, der sich rechts neben dem Adressfeld befindet. Bei beiden Varianten ist die letzte Angabe immer das Datum.

Im Betreff wird kurz und knackig darstellt, worum es im Schreiben geht. Hierher gehören auch Belegnummern, Rechnungsnummern, Kundennummern, Bestellnummern, Aktenzeichen und ähnliche Angaben. Der Betreff kann fett gedruckt sein.

Anrede. Es folgt die Anrede, in der Regel „Sehr geehrte Frau ...,", „Sehr geehrter Herr ...," oder „Sehr geehrte Damen und Herren,", wenn kein Ansprechpartner namentlich bekannt ist. Die Anrede wird mit einem Komma und einer Leerzeile vom eigentlichen Briefinhalt getrennt.

Im Briefinhalt wird das Anliegen sachlich und in klaren kurzen Sätzen geschildert. Besonderheiten können durch Einrückungen, Fett- oder Kursivschrift oder durch unterstreichen hervorgehoben werden.

Grußformel und Unterschrift. Unter dem Brieftext folgt die Grußformel, in der Regel „Mit freundlichen Grüßen". Wenn der Empfänger bekannt ist, kann eine weniger sachliche Form gewählt werden. In der Zeile darunter folgt der Name des Absenders. Falls nötig, wird direkt unter dem Namen die Funktion oder Stellung im Unternehmen angegeben.

Anlagen. Liegen dem Schreiben Anlagen bei, schreibt man drei Zeilen unterhalb des Namens einen Hinweis mit dem Wort „Anlagen". Empfohlen wird, die Anlagen nachfolgend aufzulisten.

Geschäftsangaben sind gesetzlich vorgeschrieben und müssen im Fußteil des Briefes vermerkt sein: z. B. der Firmeninhaber, der Geschäftsführer, die Gesellschaftsform (z. B. GmbH) und die Handelsregisterbuch-Nummer des Unternehmens. Bei Bedarf werden zusätzlich Bankverbindung und Steuernummer angegeben.

M8 Vorsichtsmaßnahmen im Umgang mit Giro- und Kreditkarten

Von Jahr zu Jahr nehmen die Fälle des Missbrauchs von Girokarten und Kreditkarten zu, das Vorgehen der Betrüger wird dabei immer raffinierter. Umso wichtiger sind Vorsichtsmaßnahmen bei der Benutzung und Aufbewahrung von Karten. Grundsätzlich müssen Sie mit Ihren Karten genauso sorgsam umgehen wie mit Bargeld!

Bewahren Sie Ihre Karten niemals zusammen mit der Geheimnummer (PIN) auf. Erhalten Sie Schreiben, in denen Ihnen Geheimnummern mitgeteilt werden, lernen Sie die Nummer auswendig und schreddern Sie das Schreiben (keinesfalls zerknüllt wegwerfen!). Geheimnummern sollten nicht notiert werden. Selbstverständlich dürfen Sie auch niemandem die Geheimnummer mitteilen.

Bevor Sie einen Geldautomaten nutzen, untersuchen Sie ihn auf Auffälligkeiten. Achten Sie auf Vorsätze am Kartenschlitz oder Minikameras. Geben Sie beim Abheben von Bargeld am Geldautomaten Ihre Geheimnummer nur verdeckt ein, indem Sie die Hand über die Tastatur halten. Mittlerweile haben viele Tastaturen einen Sichtschutz.

Kartenbetrüger benötigen allerdings nicht immer die Geheimzahl, denn viele Geschäfte arbeiten mit dem elektronischen Lastschrifteinzugsverfahren. Hier wird beim Bezahlen mit der Karte keine Nummer eingegeben, sondern auf einem Lastschriftbeleg vom Karteninhaber unterschrieben. Jeder, dem es gelingt Ihre Unterschrift nachzuahmen, kann also mit der gestohlenen Karte in Läden einkaufen, die dieses Zahlungssystem anwenden.

Lassen Sie Ihre Karte beim Bezahlen nicht aus den Augen, denn Karten auszutauschen oder Kartendaten auszuspähen, dauert nur wenige Sekunden.

Immer häufiger wird vor dem Einkauf im Internet mit der Kreditkarte gewarnt. Betrüger haben zunehmend Möglichkeiten, auf diesem Weg an die Kartendaten heranzukommen. Empfehlungen gehen dahin, auf diese Zahlungs- oder Reservierungsform zu verzichten und nur bei Anbietern mit sicheren Zahlungsalternativen einzukaufen. Auch Geldinstitute bieten Sicherungssysteme an – erkundigen Sie sich.
Lassen Sie Belege von Kreditkartenabrechnungen nicht herumliegen, sondern vernichten Sie sie gleich nach Prüfung der Abrechnung.

Sollte es doch passieren, dass Sie Ihre Karte verlieren oder sie Ihnen gestohlen wird, müssen Sie diese umgehend sperren lassen. Wenn Sie schnell handeln und verantwortungsbewusst mit Ihrer Karte umgegangen sind, haften Sie nicht mehr bzw. nur bis zu einer bestimmten Haftungsgrenze für eventuell auftretende Schäden. Nicht verantwortungsbewusst wäre es z. B., wenn Sie Ihren Geldbeutel unbeaufsichtigt irgendwo haben liegen lassen oder die Karte zusammen mit der PIN aufbewahrt haben. Sie sollten Telefonnummern und Hinweise zum Ablauf der Sperrung griffbereit halten. Es gibt auch einen zentralen Sperrannahmedienst mit einem Sperr-Notruf. Allerdings nehmen einige Banken nicht daran teil.

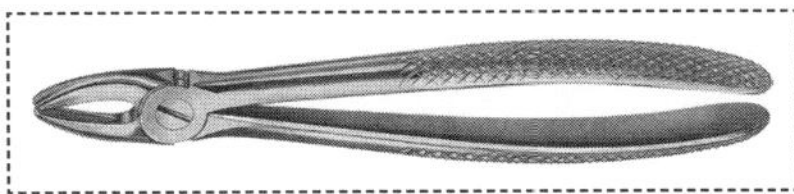

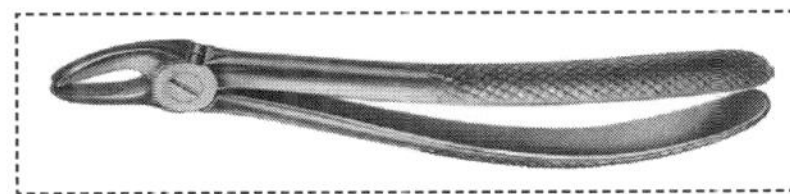

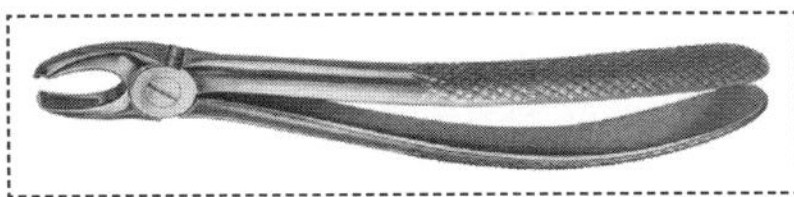

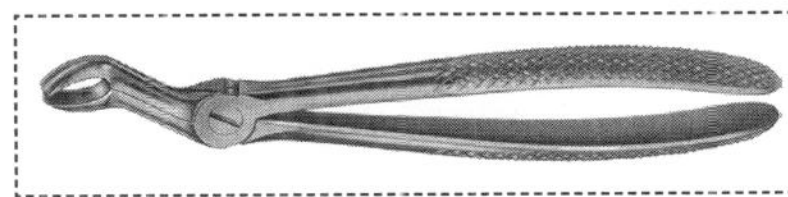

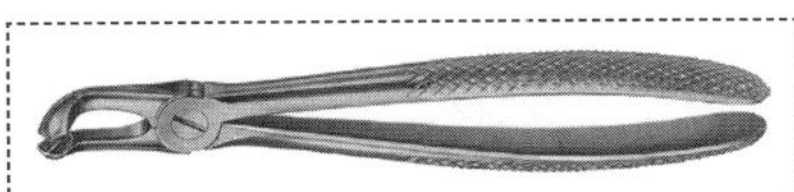

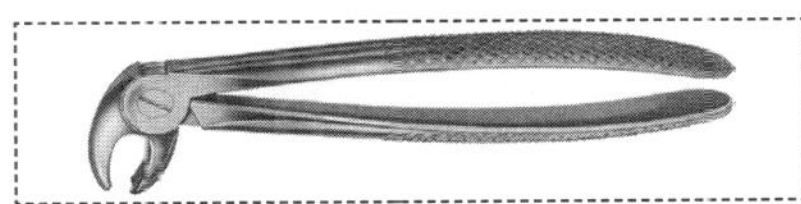

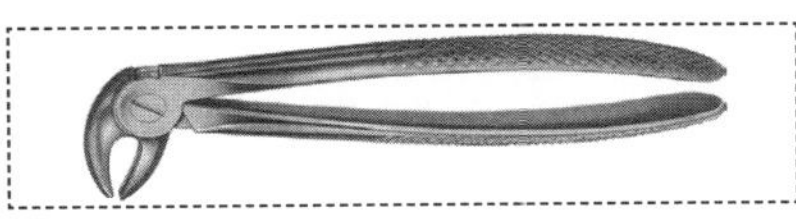

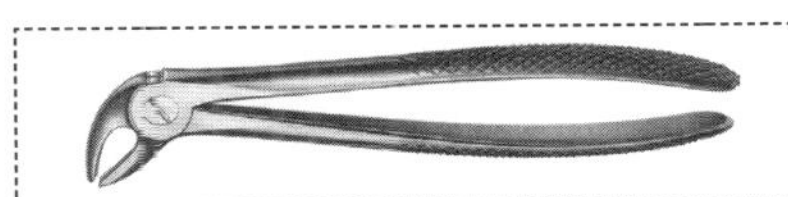